Mère calme
enfant calme

Du même auteur
aux Éditions J'ai lu

Le principe du calme, *J'ai lu* 7249
Le grand livre du calme, *J'ai lu* 7255
Le grand livre du calme au travail, *J'ai lu* 7276

PAUL WILSON
AVEC TANIA WILSON

Mère calme enfant calme

Traduit de l'anglais par Marie de Prémonville

J'AI LU
Bienêtre

Titre original :
CALM MOTHER, CALM CHILD
publié en accord avec
Penguin Books Australia Ltd, 2001

Avant le calme

Devenir parent peut être l'une des plus grandes joies de l'existence. Comme le dit Dostoïevski : « La compagnie des enfants soigne l'âme. »

Mais même Dostoïevski serait forcé d'admettre que le métier de parent est aussi l'un des plus stressants qui soient. Les embouteillages, les problèmes au travail ou à l'école ne sont rien en comparaison des tensions liées à l'activité de parents.

Mais pourquoi cette situation engendre-t-elle une telle angoisse ?

Tout provient du fait que, derrière ces tensions, se profile le sentiment qu'il n'y a aucune issue. Impossible de tout laisser tomber, d'aller au cinéma ou de sortir boire un verre avec des amis. Lorsqu'on se retrouve avec un bébé en pleurs ou un enfant à problèmes, il *faut* faire face à la situation.

Mère calme, enfant calme ne se contente pas de vous aider à gérer les tensions liées au rôle de parent. Ce livre vous permettra également de faire entrer le calme dans votre vie, afin de découvrir, ou de savourer pleinement, le plaisir d'être avec votre enfant.

Le titre que nous avons choisi pour cet ouvrage *Mère calme, enfant calme* n'a pas toujours convaincu. Pourquoi pas *Parent calme, enfant calme*? Après tout, à notre époque, on ne peut plus nier le partage des responsabilités entre le père et la mère, dans l'éducation des enfants.

Loin de moi l'idée de dire le contraire. Mais dès le début de nos recherches, il nous est apparu clairement que les questions et les problèmes que doivent affronter les pères et mères de jeunes enfants sont tellement différents qu'ils ne cohabitent pas aisément dans un même livre.

Nous nous sommes rendu compte que, dans l'immense majorité des cas, ce sont les mères qui s'estiment le plus stressées par leur rôle, particulièrement dans ces périodes difficiles – des derniers temps de la grossesse jusqu'à ce que leur enfant atteigne douze ou dix-huit mois (et parfois même une année ou deux de plus). Bien sûr, les moments de tension existent aussi au-delà de cet âge – la vie scolaire et l'adolescence, notamment, créent des remous même dans les familles les plus calmes. Bien que *Mère calme, enfant calme* se concentre sur la période de la petite enfance, les principes développés ici sont souvent applicables aux plus grands.

Nous avons aussi constaté que, lorsque deux personnes se partagent la responsabilité d'un enfant, c'est souvent à une seule que revient finalement le fardeau – tant émotionnellement que physiquement – et ce, quelles que soient les intentions des parties en présence. Et le plus souvent, cette personne, c'est la mère.

Mais surtout, et c'est là le plus intéressant, nous avons pu observer que pères et mères réagissent de manière très différente – et par des moyens très dissemblables – aux tracas de la vie de parents. Le père aura tendance à essayer de trouver une solution au « problème » de l'enfant, là où la mère s'intéressera à ce que l'enfant ressent (il s'agit là d'une généralisation ; chaque personne demeure bien sûr un individu unique).

Quoi qu'il en soit, au risque de négliger quelques questions liées essentiellement à la position du père, ce livre se concentre sur les problèmes soulevés par les mères, notamment lorsqu'elles sont jeunes.

Toute cette attention portée aux mères et à leurs enfants pourrait fort bien vous conduire à vous demander : « Mais qu'est-ce qui fait de Paul Wilson un spécialiste en matière de calme maternel ? »

Pour ce qui est du « calme », je suis tout à fait qualifié. Les techniques du calme que je prône et que présentent mes livres sont déjà mises en application par des centaines de milliers de mamans, partout dans le monde.

Quant à la notion de « mère », je suis conscient du fait que ma propre expérience de parent seul pendant des années ne suffit pas à faire de moi une autorité en la matière. Aussi, les réactions qui émaillent ces pages proviennent-elles des mères elles-mêmes – celles qui ont expérimenté, ou qui expérimentent toujours, les tourments qui accompagnent leur situation.

La méthode de recherche mise en œuvre dans *Mère calme, enfant calme* diverge de celle appliquée jusqu'à présent dans mes livres. Au lieu de nous appuyer sur les théories de professionnels ou de professeurs, nous avons demandé conseil à des spécialistes de l'enfance ou à des psychologues, qui se trouvaient être aussi des mères d'enfants en bas âge. Nous étions dès lors assurés que les problèmes et les interrogations parentales étaient pour elles d'actualité.

Grâce aux réseaux de ces chercheurs et à ceux de ma collaboratrice et épouse, Tania, nous avons pu discuter, partager et débattre de l'efficacité de nos recommandations avec de très nombreux pères et mères de petits enfants, et ce au cours des trois dernières années.

Mère calme, enfant calme ne prétend pas être l'ouvrage de référence sur la façon d'élever des enfants. Son but est de vous apporter du réconfort dans ces moments où la pression du rôle de parent se fait le plus sentir.

Servez-vous de *Mère calme, enfant calme* comme d'un guide. Utilisez-le comme un outil simple et pratique, permettant d'échapper aux tensions quotidiennes. Voyez-le comme un moyen de prendre plus de plaisir à être parents.

Et, surtout, ouvrez-le souvent, pour garder votre calme.

CHAPITRE 1

PRENDRE UN BON DÉPART

« Les enfants sont des mimes
naturels qui agissent comme leurs
parents, malgré les efforts de ces
derniers pour leur apprendre les
bonnes manières. »

Anonyme

Le plaisir du calme

L'objectif de *Mère calme, enfant calme* est de transmettre le calme. Alors, prenons les choses par la fin, et observons cet état de calme auquel nous aspirons.

L'espace d'un instant, repensez à une expérience réjouissante liée à votre vie de parent. Juste un moment calme et comblé, tiré de votre passé, ou que vous aimeriez vivre dans l'avenir.

Maintenant, plongez dans votre mémoire... et essayez de convoquer un souvenir de calme parfait, alors que vous serriez votre enfant dans vos bras, juste pour le plaisir. Rappelez-vous ce sentiment de sécurité et de plénitude. Vous n'y avez peut-être pas pensé sur le coup, mais vous avez connu une sensation de contentement et de calme – une satisfaction intense, mais aussi une grande sérénité.

Cette sensation, voilà votre point de départ. Ce sentiment, c'est le repère auquel vous devrez vous référer, afin de vous plonger peu à peu dans le calme.

Les gens ont recours à toutes sortes d'expressions pour désigner l'expérience que vous venez de vous remémorer. Toutes se résument pourtant à la combinaison de deux choses : le calme et le rapport.

La notion de « calme » est facile à comprendre ; en revanche, celle de « rapport » n'est que rarement associée aux relations parents-enfants.

Il y a plusieurs années, des chercheurs du Centre du Calme ont mené une série d'expériences fondées sur l'activité cérébrale – qui se mesure au moyen d'un électroencéphalogramme, ou EEG – observée au cours des phases de relaxation profonde, causée par exemple par le massage ou la méditation.

Le cas d'une mère allaitant son enfant a donné lieu à des observations très intéressantes. De façon répétée, l'activité cérébrale de la mère montrait les mêmes courbes que celles relevées chez des personnes en état de relaxation profonde. Nous n'avions pas envisagé l'allaitement comme une forme de méditation, mais nous n'avons pas été surpris de constater qu'il s'agissait d'une expérience relaxante.

Ce qui en revanche nous a surpris, c'est la courbe du nourrisson qu'elle allaitait. En effet, son relevé était quasiment identique à celui de sa mère. S'il arrivait que l'un des deux sorte de son état de relaxation – par exemple, si l'enfant avait un rot coincé ou si la mère était distraite par un élément extérieur –, la courbe d'activité cérébrale de l'autre se calquait exactement sur la sienne et subissait les mêmes variations.

Pour tous ceux impliqués dans l'expérience, ce n'était pas là qu'une preuve de rapport émotionnel, c'était la confirmation graphique d'un phénomène que beaucoup d'entre nous admettent d'instinct : quand deux individus sont impliqués dans un « rapport », leurs émotions ont tendance à fonctionner en parallèle. Si l'un est détendu, l'autre se détend automatiquement. Si, en revanche, il est tendu, sa tension gagne l'autre.

Vous savez d'expérience comme un état émotionnel se transmet facilement, d'une personne à une autre. Il vous est forcément arrivé de vous trouver dans un groupe de gens détendus et de constater que, quelques minutes après l'arrivée d'une personne stressée, tout le monde est aussi stressé. Heureusement, l'inverse est également vrai : une personne sereine diffuse la sérénité autour d'elle.

Ce postulat simple de transfert d'émotions est un des fondements de *Mère calme, enfant calme.* Lorsque vous parvenez à préserver un état de calme intérieur, la plupart du temps, cet état de calme se transmet à votre enfant.

Bien sûr, les choses ne marchent pas toujours ainsi. Il arrive que la maladie ou le mécontentement de l'enfant réduisent à néant toutes les tentatives. Cependant, en dépit de ces contretemps, il demeure que, si vous gardez votre calme intérieur, il gagnera en général votre enfant et ceux qui vous entourent.

Ramenez le calme

Essayez d'imaginer le bien-être qui vous envahit, ou qui vous envahirait, si vous et votre enfant étiez complètement à l'aise et détendus.

- Faites-vous couler un bain chaud.
- Versez-y ces sels de bain ruineux que vous réserviez à une occasion spéciale, ou bien ajoutez cinq à dix gouttes d'huile essentielle de lavande ou de rose.
- Éteignez toutes les lumières et allumez une bougie.
- Au moment d'entrer dans l'eau, enveloppez-vous le visage d'une serviette chaude.
- Dites-vous que vous avez tout le temps devant vous.
- Écoutez le bruit de votre respiration et oubliez peu à peu le monde extérieur.
- Imaginez que vous tenez votre enfant dans vos bras, heureuse de cet instant partagé, en sécurité, et que tout va pour le mieux.
- *Enregistrez bien cette sensation.* Et rappelez-la à l'envi, pas seulement pour votre plaisir personnel, mais aussi pour pouvoir la transmettre à votre enfant.

Les effets secondaires de la maternité

Il ne faut pas se cacher le fait que, outre toutes les joies qu'apporte la naissance d'un enfant, celle-ci génère aussi quelques effets secondaires dérangeants.

Vous rappelez-vous la vie que vous meniez, avant l'arrivée de votre bébé ? Vous aviez probablement un grand sentiment de maîtrise. Vous saviez vous fixer des objectifs et les mener à bien – plus ou moins.

Vous aviez probablement une relation solide. Disons que la relation avec votre partenaire était épanouissante – plus ou moins. Vous partagiez des centres d'intérêt et des projets. Vous aimiez discuter des petites choses de la journée, ensemble ou avec des amis, autour d'un bon dîner et d'un verre de vin. Vous alliez au cinéma. Vous aviez une vie sexuelle.

Et même si vous ne l'appréciiez peut-être pas à l'époque, vous disposiez de temps libre. Vous lisiez des livres et des journaux. Vous preniez le temps d'aller boire un café, ou de faire une petite promenade quotidienne.

Puis tout a changé.

L'ironie veut que les futurs parents soient parfaitement informés des tensions qui accompagnent l'arrivée de bébé. Ils s'attendent aux nuits blanches, à la lassitude, aux contraintes de temps permanentes et aux malentendus dans la relation parentale. Mais ils n'y sont pas préparés.

Vous n'êtes pas seule dans ce cas. Tous ces tracas sont normaux et, que vous le croyiez ou non, ils ne dureront pas. Toute jeune maman se sent stressée, à un moment ou à un autre, parfois plusieurs fois par jour. Cela n'a rien d'agréable, c'est souvent inutile, mais c'est normal. L'accepter est le premier pas vers la paix et le calme retrouvés.

Le deuxième pas consiste à identifier les causes de cette tension, afin de pouvoir y remédier.

En haut de la liste, on trouve des problèmes liés aux conditions de vie, à l'incertitude, au temps, à la perte de contrôle sur son environnement et sur les pressions qui s'accumulent.

Les conditions de vie

Certains vivent dans un cadre confortable, et trouvent pourtant que les contraintes physiques sont les premières causes d'inconfort dans leur vie – de la maladie aux chaussures neuves qui font mal aux pieds, en passant par les nuisances telles que le bruit, le froid ou la poussière. Cependant, la plus invalidante de ces nuisances est aussi l'une des plus souterraines : il s'agit des troubles du sommeil.

Même avec une organisation optimale, avoir un bébé signifie apprendre à gérer des nuits chaotiques.

Il est prouvé que, d'un point de vue physiologique, le manque de sommeil a des conséquences importantes sur l'individu. Lorsqu'on rate deux heures de sommeil, le QI chute de façon significative (jusqu'à la prochaine nuit réparatrice). Après plusieurs nuits de sommeil perturbé, le temps de réaction se dégrade sensiblement. Au bout de trois jours consécutifs sans nuit correcte, le système immunitaire est affaibli. Et s'il vous faut maintenir ce rythme une semaine ou plus, le danger vous guette !

Si l'on ajoute à cela l'épuisement physique que beaucoup de mamans ressentent, on se retrouve avec un cocktail pour le moins explosif.

L'incertitude

Dans les premiers jours qui suivent la naissance, les jeunes parents sont souvent particulièrement inquiets, parce qu'ils ne savent pas pourquoi leur bébé pleure. Est-il malade ? A-t-il des coliques ? Un rot coincé ? Ou bien est-ce normal ? Tant qu'on n'est pas familiarisé avec le comportement de son bébé et avec les signaux qu'il envoie, l'incertitude est un véritable poison.

De plus, bien qu'elle change généralement de nature, cette incertitude persiste souvent lorsque l'enfant grandit. Qu'est-ce qui peut bien faire pleurnicher votre petit de deux ans ? Pourquoi réagit-il de cette manière ?

Le temps

Aujourd'hui on tient le manque de temps pour responsable de nombreux maux, notamment dans la vie professionnelle. Pour les parents de jeunes enfants, ces pressions sont multipliées par deux.

Les exigences tombent de tous côtés – entre le ménage qui s'accumule et les courses à faire, il faudrait une journée de trente heures pour réussir à tout faire. On a parfois l'impression que ces contraintes ne cesseront jamais.

Perdre le contrôle pour mieux le garder

Moins on contrôle les paramètres d'une situation donnée, plus on est susceptible de ressentir stress, peur ou anxiété.

C'est pour cette raison que l'on se sent tendu et frustré, lorsqu'on doit effectuer des tâches monotones et répétitives, ou lorsqu'on n'a pas le choix dans une décision à prendre (il arrive même qu'il soit angoissant d'avoir *trop* de choix).

Quoi qu'il en soit, les frustrations les plus grandes naissent des rapports avec de jeunes enfants. Lorsqu'on ne peut imposer un comportement, comme c'est le cas avec les bébés, ou influer sur le cours des événements, on ne peut qu'être dans la réaction. Ce qui donne l'impression que c'est la situation qui vous contrôle, et non l'inverse.

La seule chose dans la vie que vous puissiez vraiment maîtriser, c'est vous-même – vos actions, vos attitudes et vos perceptions. Mettez-les au pas et vous commencerez à *sentir* que c'est vous qui contrôlez les choses.

La pression interne

La cause de malaise la plus redoutable, et de loin, n'est pas une de celles citées plus haut ; elle se situe à l'intérieur de notre tête : dans ce que nous pensons ou ressentons, dans nos habitudes et notre façon de réagir aux événements.

Le savoir est déjà un réconfort, car cela signifie que la solution se trouve au même endroit – à l'intérieur de nous.

Prenez votre temps

Pour vous aider à vous débarrasser de certaines des contraintes de temps qui pèsent sur vous en cette période de votre vie, répétez-vous souvent ces paroles : « J'ai tout le temps. »
Dites-le-vous en ce moment même. Entendez les mots. Entendez-vous les dire, lentement, au moins trois fois. Vous rendez-vous compte combien, grâce à ces quelques mots simples, vous vous sentez déjà plus libre ?

Décidez d'être calme

L'espace d'un instant, imaginez que votre seule responsabilité dans la vie n'est pas le bien-être de votre enfant ou de votre compagnon, mais *votre* bien-être (il n'y a là aucun égoïsme, puisque tout se passe dans votre imagination).

Bien sûr, cette période est pour vous très mouvementée – entre les changements, les nouvelles exigences et les émotions en dents de scie – mais vous n'avez plus que cette unique responsabilité : ce que vous ressentez et votre façon de gérer la situation.

Bien qu'il soit tout à fait naturel de traverser des turbulences, toutes ces émotions et ces pressions qui vont de pair avec le statut de parents, penser qu'on peut les maîtriser est une perte de temps. Vous n'avez pas prise sur ces facteurs extérieurs. Tout ce que vous pouvez vraiment contrôler, c'est ce que vous ressentez.

Et vous *pouvez* décider de vous sentir calme.

Une fois que vous aurez appris comment vous sentir calme et ce, sur commande, vous pourrez commencer à réduire l'impact des hauts et des bas qu'on rencontre inévitablement dans la vie. Alors, vous pourrez :

- Vous sentir plus vivante, en meilleure santé et plus heureuse.
- Vous montrer plus positive et plus concentrée.
- Faire face plus efficacement aux situations.
- Faire preuve de plus de tolérance.
- Être plus ouverte et ainsi mieux apprécier les joies de votre enfant.
- Vous sentir plus énergique et réactive.
- Mieux profiter de la vie.

Imaginez combien vous serez soulagée, dès que vous disposerez de quelques moyens simples et agréables de relativiser les soucis de la vie de parent. Sans compter l'effet calmant que cela aura sur votre entourage.

Rappelez-vous cependant que le calme n'est pas un résultat, mais un processus. Il y aura des jours où les techniques suivantes marcheront exactement comme prévu, et d'autres où elles ne seront que de peu d'utilité. Une fois que vous en aurez choisi quelques-unes qui deviendront vôtres, vous n'aurez plus à tester leur efficacité : il suffira de les apprécier pour ce qu'elles sont. Il ne s'agit pas de tâches qu'il vous faut accomplir, mais de petits plaisirs, de petites évasions dans votre quotidien.

À présent, vous avez un choix facile à faire. Concernant les aspects de votre vie qui génèrent du stress, vous pouvez :

- soit changer les circonstances à l'origine de votre stress ;
- soit changer votre façon de les considérer.

Il est certes difficile de changer les circonstances physiques ou les vieilles habitudes, mais ce que vous *pouvez* changer, c'est l'impact qu'elles ont sur vous. Et plus vous avancerez dans ce livre, plus vous trouverez cela facile.

Ce n'est que le début des choix qui s'offrent à vous. En voici d'ailleurs un autre : choisissez de devenir calme.

Prenez la décision – maintenant – et déjà vous entamez le processus qui fera de vous une personne plus détendue. Tout cela se passe naturellement. Vous n'en êtes peut-être pas encore consciente, mais le changement a déjà commencé.

Tout ce qu'il faut, c'est prendre la décision. Sentez-vous déjà combien vous êtes plus détendue ?

CHAPITRE 2

LE CALME POUR VOUS

« Il n'est d'autre joie
que le calme. »

Tennyson

Pensez à vous

Comment vous sentez-vous ?

La deuxième moitié de cet ouvrage a beau être consacrée à ce que ressent votre enfant, ce qui fera la différence, c'est votre état à vous.

Cette préoccupation n'a rien d'égoïste. Si vous êtes forte et que vous vous affirmez, cela sera aussi bénéfique à votre enfant qu'à vous-même. Il est difficile de calmer un enfant, si on se sent soi-même nerveuse.

L'objectif de ce chapitre est donc d'explorer une série de moyens agréables d'ajouter un peu de calme à votre quotidien. Notez bien ce mot : « agréable ». Le plaisir et la sérénité sont des compagnons formidables. Avez-vous remarqué comme on se détend, dès qu'on se sent bien ?

Ce qui suit vous aidera à vous sentir bien. Et l'effet ne sera que plus spectaculaire, si vous gardez à l'esprit ces quatre règles d'or :

1. Vous êtes un individu

Tout comme votre enfant, vous êtes un être unique. Il n'y a personne dans l'univers qui soit semblable. Personne n'a des problèmes exactement identiques aux vôtres. Aucun enfant n'est identique au vôtre. Et, au fond, personne ne sait mieux que vous ce qui est bon pour vous.

Les techniques ou stratégies du calme qui marchent le mieux pour quelqu'un ne seront pas toujours aussi efficaces pour vous, et inversement. Avec ce livre, faites confiance à votre instinct. N'éprouvez pas de sentiment d'échec si certaines stratégies ne fonctionnent pas. Si une seule des techniques suivantes vous aide à vous sentir plus détendue dans votre rôle de parent, la lecture de ce livre n'aura pas été une perte de temps.

2. Rien ne presse

Vous avez tout le temps de devenir quelqu'un de plus calme. J'ai bien dit : tout le temps. Répétez-vous cette phrase – le plus souvent possible – et vous éradiquerez ainsi bon nombre des pressions qui s'accumulent sur vos épaules de jeune maman.

3. Personne n'est parfait

Beaucoup de jeunes parents se sentent écrasés par un souci de perfection dans leur façon d'assumer leurs nouvelles responsabilités : un enfant parfait dans un foyer parfait. Vous vous dites peut-être que c'est surtout le fait des « perfectionnistes » (pardonnez ce stéréotype), mais nos recherches ont indiqué que cette préoccupation touche aussi beaucoup de jeunes mamans fraîchement sorties du marché du travail.

Il arrive que des femmes, employées ou cadres compétentes et fiables, essaient d'appliquer le même zèle à leur « emploi » de mère. Elles se rendent rapidement compte que la maternité implique une dynamique totalement différente.

Pour commencer, les bébés n'ont aucune idée de ce que le mot « week-end » veut dire ; de même pour les vacances ou les congés. Ils ne sont pas non plus forcément disposés à adopter le mode de vie qui vous convient le mieux. Ils ne vous accordent pas d'augmentation et ne vous félicitent pas lorsque le travail est bien fait. Autre fait frustrant : les bébés ne se focalisent pas sur des objectifs, ni même sur des processus. Ils *sont*, tout simplement. Quels que soient les efforts que vous fournirez, votre enfant se développera à son propre rythme.

4. Parce que vous le méritez bien

Vous êtes un être unique, dont l'un des buts dans la vie est d'être heureux et de profiter de l'existence. Vous le méritez bien. La seule période de votre vie que vous maîtrisiez parfaitement, c'est l'instant présent. Si vous trouvez dans cet instant gratification et satisfaction, à la fois en tant qu'individu et en tant que parent, vous mènerez une vie heureuse et bien remplie. Au contraire, si vous vous plaignez du passé ou que l'avenir vous inquiète, vous limiterez vos capacités.

Il faut donc les envisager sous un angle différent.

En devenant parents, vous mettez un enfant au monde, dans *votre* monde. C'est là une responsabilité énorme. Le plus beau cadeau que vous puissiez faire à votre enfant, c'est la capacité de profiter de la vie, de trouver gratification et satisfaction dans chaque instant qu'il ou elle vivra. Et la manière la plus efficace de lui transmettre ce principe, c'est de l'appliquer vous-même.

Il est temps de vous concentrer sur vous-même – non pas pour analyser vos sentiments ou vos réactions, mais pour trouver les moyens de vous sentir mieux, plus épanouie.

Il est courant que les jeunes parents se laissent envahir par les préoccupations matérielles, au point d'en oublier leurs besoins les plus élémentaires. Cela peut conduire à un état de tension, de découragement, voire de dépression.

Chaque jour, dégagez quelques minutes que vous consacrerez à vous-même, et vous verrez qu'il se produira en vous un changement significatif. Même si vous vous sentez harassée par les corvées et les obligations, faites l'effort de redécouvrir certaines activités que vous appréciiez avant de devenir maman. Ou bien lancez-vous dans quelque chose de nouveau et de motivant – un nouveau passe-temps, des cassettes pour la confiance en soi, des cours de yoga.

Le plus important, ce n'est pas ce que vous faites, c'est de le faire pour vous-même, afin que *vous* en profitiez, que *vous* vous affirmiez, en tant qu'individu. Et que *vous* tiriez le maximum de ce rôle qui occupe la plus grande partie de vos journées.

Prenez du temps pour vous

Si vous avez lu certains de mes précédents livres, comme *Le Grand Livre du calme* ou *Le Principe du calme*[1], vous devez être familiarisée avec un exercice très enrichissant, que j'encourage tout le monde à pratiquer au quotidien. Je l'appelle le « Moment perso ».

À l'époque actuelle, les gens s'octroient très peu de temps pour eux – un court moment durant lequel ils ne font absolument rien sinon savourer comme ils sont de bonne compagnie.

Lorsqu'on a un jeune enfant à la maison, ce genre de moment devient encore plus rare, jusqu'à paraître impossible. Vous vous dites probablement que, si vous disposiez d'une heure de temps libre, il y aurait une foule de choses plus « productives » à faire – comme reprendre contact avec vos amis, lire le journal ou regarder une émission de télé.

---

1. Presses du Châtelet, 2000.

Il se trouve que, paradoxalement, le Moment perso est une des façons les plus productives de passer son temps. En vous détendant et en mettant de l'ordre dans vos pensées et dans votre organisme, vous serez en mesure d'envisager les autres activités du jour avec un regain d'énergie, de concentration et de satisfaction.

Le Moment perso ne nécessite aucun effort ou entraînement particulier. C'est un moment qui n'a pas d'autre but inhérent que d'être, tout simplement. D'être soi-même. D'être détendu. D'être reconstitué.

Ce temps vous permettra d'échapper aux pressions et aux responsabilités de la journée – hors de toute structure, dégagée de toute culpabilité. S'il vous faut un prétexte, dites-vous que ce moment vous aidera à devenir une meilleure mère et une meilleure conjointe (car c'est le cas).

Le Moment perso

Prenez vingt à trente minutes par jour, simplement pour être avec vous-même. L'objectif de ce moment est de ne rien faire. D'être, tout simplement. Pour y parvenir, vous avez le choix entre :

- Prendre un bain reposant,
- Vous asseoir sous un arbre,
- Vous installer dans un coin sombre du salon,
- Méditer.

Rappelez-vous, ce temps est *le vôtre* – c'est un temps pour prendre soin de vous et oublier vos responsabilités, pour être vous-même et vous détendre.

Le Moment perso atteint toute son efficacité lorsqu'il s'inscrit dans le quotidien, comme un rituel. Dans ce tourbillon qui suit la naissance d'un enfant, quand on se dit qu'on est dépendant des désirs et des besoins d'autrui et qu'on n'a plus de vie à soi, ce genre d'exercice est particulièrement important.

La pause chouchoutage

Ajoutez une touche de chouchoutage au Moment perso, et vous prendrez soin de vous comme il se doit. La pause chouchoutage a pour but de vous rappeler ces instants d'oisiveté, voire de luxe, que vous avez peut-être vécus avant de vous retrouver de garde 24 heures sur 24.

Vous chouchouter, vous et rien que vous, sera plus profitable si vous vous persuadez que vous le méritez. Considérez cela comme la récompense d'un travail bien fait – le genre de travail pour lequel on n'obtient pas de remerciements directs – à savoir : élever un enfant.

Le calme et la détente se génèrent d'eux-mêmes : mieux on se sent, plus le cerveau sécrète de substances chimiques euphorisantes, et plus on est capable de profiter de la vie et de se relaxer.

L'un des meilleurs exemples de relaxation est le massage. On peut considérer le massage comme un caprice ruineux, réservé aux athlètes ou aux riches oisives, ou bien envisager ses bienfaits thérapeutiques à long terme. Pour le prix d'un dîner aux chandelles, vous vous offrez non seulement une heure de plaisir physique, mais aussi une combinaison unique de relaxation profonde et d'énergie – la peau frémissante, les muscles dénoués et l'esprit apaisé. Et contrairement à ceux d'un dîner aux chandelles, les effets relaxants du massage se poursuivent tout au long de la semaine.

Dès lors que vous laisserez votre imagination vagabonder selon l'exercice suivant, vous serez surprise du nombre de « trucs chouchoutage » que vous dénicherez.

La pause chouchoutage

La pause chouchoutage vise à vous remettre en mémoire ce temps où vous n'étiez pas de garde 24 heures sur 24. En voici quelques exemples : ▶

- Offrez-vous un massage, un soin du visage ou une heure dans un hammam.
- Prenez un long bain chaud, dans lequel vous aurez versé quelques gouttes d'huiles essentielles, ou une poignée de vos sels de bain préférés.
- Décrochez de tout pendant une heure, offrez-vous un délicieux déjeuner. Et si vous voulez ajouter encore du plaisir, faites-le en solitaire.
- Allez au cinéma.
- Faites un saut chez le coiffeur ou chez la manucure.

Faites une liste d'activités agréables et accrochez-la au miroir de la salle de bain, pour vous les remettre sans cesse en mémoire.

Le massage en solo

Bien que, sous ses formes traditionnelles, le massage soit un outil de chouchoutage par excellence, sa seule limite est qu'il exige l'intervention d'une autre personne.

En êtes-vous sûre ?

Si on y réfléchit, pour ce qui est d'évacuer douleurs et tensions, personne n'est mieux placé que celui ou celle qui les vit en direct – c'est-à-dire vous. Après tout, personne ne connaît mieux que vous vos points sensibles, ce qui vous fait du bien, ce qui vous soulage.

Le but de l'auto-massage n'est pas d'échauffer les muscles, mais d'occuper totalement les sens, de sorte que l'esprit se repose et que les pensées s'apaisent. Lorsque ces conditions seront réunies, vous serez vraiment détendue.

Vous trouverez ci-dessous quelques techniques d'auto-massage susceptibles de vous apporter la sérénité et le réconfort, sans aide extérieure. Ces conseils sont particulièrement utiles au cours de la grossesse, quand votre corps change au jour le jour.

L'auto-massage

- Décrochez le téléphone.
- Faites-vous un mélange d'huile à la vitamine E et d'huile d'amande douce ou d'huile vierge d'abricot.
- Mettez-vous dans un lieu calme où vous ne serez pas dérangée. Déshabillez-vous et allongez-vous sur une serviette éponge bien moelleuse.
- Écoutez votre respiration pendant quelques minutes, afin de vous sentir plus en harmonie avec ce qui vous entoure.
- Enduisez-vous lentement le corps d'huile ; pensez bien aux bras, aux jambes, à la nuque, au ventre et aux épaules – bref, à toutes les parties de votre corps que vous pourrez atteindre sans effort.
- Commencez à masser chaque partie, lentement, de façon méthodique. Concentrez votre attention sur le point de contact entre vos mains et votre corps.
- Ressentez l'effet produit, à la fois dans vos mains et dans la partie massée.
- Poursuivez cet exercice dans le calme et avec rigueur, pendant vingt à trente minutes.

Il existe des variantes à cette technique ; l'une d'elles consiste à se faire couler un bain chaud, à éteindre toutes les lumières et à se concentrer sur votre respiration, ce qui vous débarrassera de tout le stress accumulé. Pour un effet détente garanti, ajoutez à l'eau des sels de bain ou quelques gouttes d'huiles essentielles, allumez une bougie et mettez un disque de musique relaxante, pour l'ambiance.

Massage facial n° 1

Si vous vous êtes déjà fait faire un massage facial, nul besoin de vous expliquer les sensations de détente générées par une légère pression sur certains ►

points du visage (a). Vous reconnaîtrez ces points d'acupressure au toucher, mais c'est en pratiquant vous-même que vous découvrirez leur localisation précise. En voici quelques-uns :

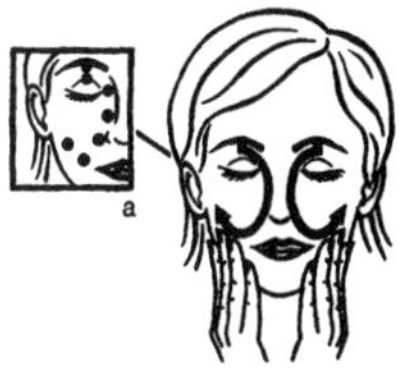
a

- Juste au-dessous du sourcil.
- Au-dessus de l'orbite.
- À l'intersection du sourcil et de la base du nez.
- Sous le nez.
- Dans l'alignement des narines.
- Dans le creux sous la pommette.
- Aux extrémités de l'os de la mâchoire.

Massez en petits mouvements circulaires, aussi doucement et sensuellement que vous le pourrez – ou que vous l'oserez.

Massage facial n° 2

En utilisant la base de la paume, faites glisser vos mains sur le côté de la tête, jusqu'à ce qu'elles se rencontrent à l'arrière du crâne.
Renouvelez l'exercice, doucement, avec sensualité, en appuyant autant que vous le jugerez nécessaire.
Au bout de quelques minutes, vous aurez le visage si détendu qu'un simple effleurement du bout des doigts suffira à vous donner de petits frissons sur la peau.
Ensuite, en partant des tempes, faites doucement descendre vos doigts jusqu'à la naissance de la mâchoire.
Puis recommencez depuis le début.

Maintenant, passons de la tête aux pieds.

Selon la théorie de la réflexologie, les pieds sont comme des petites cartes du corps et des organes. En exerçant simplement de petites pressions sur des zones spécifiques de ces « cartes plantaires », le thérapeute soulage des problèmes touchant d'autres parties du corps.

Sans s'attacher aux propriétés curatives de la réflexologie au sens large, force est de constater qu'en matière de relaxation et d'évacuation du stress, elle fait des merveilles. Le massage des pieds stimule des milliers de terminaisons nerveuses, ce qui contribue à dégager des voies neurales, qui facilitent la relaxation profonde et améliorent la circulation sanguine. Mieux encore, vous pouvez facilement vous l'appliquer à vous-même.

Le massage du pied

- Trouvez un endroit calme et serein et prenez quelques minutes pour faire tremper vos pieds, ou pour les nettoyer avec un gant humide et tiède. Enduisez-les ensuite d'un peu de lait hydratant, de crème ou d'huiles essentielles.
- Massez chaque orteil séparément, puis tendez les pieds. Faites tourner dans un sens, puis dans l'autre.
- De la main gauche, tenez fermement les orteils du pied gauche. Serrez le poing droit et remontez le long de la voûte plantaire, en appuyant, jusqu'à la base des orteils (a). À présent, pressez. Renouvelez l'opération.
- Assurez-vous que vous avez les chevilles souples et détendues. Faites des moulinets avec les pieds.
- Du bout des doigts, parcourez le pied pour réveiller les terminaisons nerveuses – de la cheville aux orteils, recto et verso.

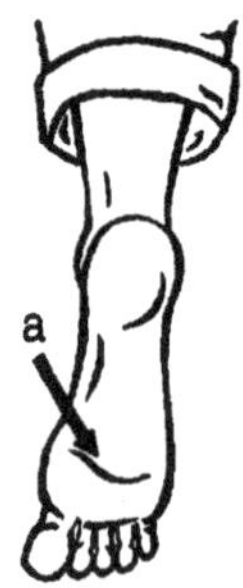

NB : l'objectif de ces exercices est le massage, non pas la réflexologie ou l'acupressure. Certains professionnels de la santé recommandent aux femmes enceintes de ne pas solliciter les points d'acupressure situés sous le genou.

Les bonnes huiles

L'aromathérapie est l'un des sujets qui font couler le plus d'encre aujourd'hui. Vous pensez peut-être qu'il s'agit d'une découverte relativement récente, alors qu'on la retrouve, sous diverses formes, depuis plus de six mille ans. Au départ, en médecine chinoise, l'aromathérapie utilisait des extraits essentiels de plantes, connus pour leurs nombreux effets physiologiques et psychologiques.

Les bienfaits vantés par les adeptes de l'aromathérapie sont aussi variés que farfelus. Quoi qu'il en soit, on sait maintenant que certaines huiles essentielles dégagent un parfum dont les effets sur le système nerveux sont avérés, notamment concernant la production de sérotonine – ou « hormone du bien-être ».

Si vous vous intéressez aux huiles essentielles, vous découvrirez rapidement que certaines d'entre elles ont des propriétés lénifiantes puissantes : la lavande, l'ylang-ylang, la rose, la fleur d'oranger et la camomille. Il en existe d'autres, comme le bois de cèdre, la citronnelle, le bois de santal, le géranium, la bergamote, le néroli et le patchouli.

Alors, comment choisir les huiles qui vous conviennent ?

La première question à se poser est : « Quels sont les effets que j'en attends ? » Vous désirez créer chez vous une ambiance reposante ? Vous voulez réduire les conséquences du stress sur votre organisme ? Ou bien simplement vous sentir plus détendue ?

Chaque huile produit un effet légèrement différent. Et lorsque l'on combine les huiles, le résultat diffère encore. Si l'on ajoute à cela le fait que chaque personne est unique – et réagit de façon spécifique aux senteurs et aux stimuli divers –, on a une idée du nombre de paramètres qui entrent en jeu quand on mélange les huiles essentielles.

Le tableau qui suit souligne les caractéristiques des huiles utilisées en aromathérapie pour leurs vertus calmantes (la plupart des aromathérapeutes mettent en garde les femmes enceintes contre l'utilisation de certaines huiles. Si vous êtes enceinte, ou si vous souffrez d'hypertension ou d'épilepsie, veillez à consulter un médecin avant d'utiliser *toute* huile de façon directe).

Reportez-vous à cette liste pour déterminer quelles huiles vous seront utiles, puis testez-les. Il vous suffit de déboucher la bouteille et de la rapprocher de votre nez. Fiez-vous à votre instinct. Votre nez vous dira quelles huiles sont bonnes pour vous.

Huiles essentielles

Huile	**Calmant pour les nerfs**	**Stimulant pour le moral**	**Anti-stress**	**À éviter en cas de grossesse**
Basilic	✓	✓		✓
Bergamote	✓			✓
Bois de cèdre	✓			
Bois de santal	✓		✓	
Camomille romaine	✓			✓
Cannelle	✓			
Consoude	✓			✓
Cyprès	✓			
Encens	✓			
Genièvre	✓	✓	✓	
Géranium	✓	✓		✓
Hysope	✓			✓
Lavande	✓	✓	✓	✓
Marjolaine	✓		✓	✓
Mélisse	✓	✓	✓	✓
Menthe poivrée			✓	
Néroli	✓			
Patchouli	✓			
Petit grain	✓		✓	
Rose	✓			
Sauge officinale	✓		✓	
Ylang-ylang	✓			

En prenant une base de deux ou trois huiles, variez les mélanges, pour déterminer les effets de chacun. Selon l'application choisie, il existe plusieurs méthodes.

Pour le massage, ajoutez quelques gouttes du mélange d'huiles essentielles à une huile de massage neutre et plus épaisse, telle que l'huile vierge d'abricot ou l'huile de jojoba.

Dans le bain, ajoutez environ dix gouttes dans l'eau chaude, éteignez les lumières et allumez une bougie, et laissez tremper tous vos soucis et vos courbatures !

Les huiles aromatiques sont également très prisées pour les bains de pieds. Il suffit d'en verser quatre ou cinq gouttes dans l'eau tiède. Si votre partenaire vous le propose, laissez-vous masser les pieds, l'effet ne sera que plus agréable.

Vous pouvez aussi faire brûler quelques gouttes d'huiles essentielles dans un brûleur à parfum, afin de savourer les vertus magiques et relaxantes de leurs senteurs.

Le calme : toute une attitude

Vous est-il jamais arrivé de vous pencher au bord d'une falaise ou d'une pente à pic, et de frissonner en mesurant la distance qui vous séparait du sol ? Se retrouver ainsi au bord du gouffre est une expérience extrêmement angoissante. D'un autre côté, si vous étiez un passionné d'escalade ou un spéléologue, vous réagiriez probablement de façon complètement différente à une situation de ce genre.

Dans les deux cas, la réalité est celle d'un escarpement rocheux, mais c'est la vision qu'on porte sur elle qui change. On peut avoir une réaction de terreur. Ou bien un frisson d'excitation. Ce qui conditionne l'état dans lequel on se trouve n'est pas tant le facteur de tension que la façon de l'envisager.

Être calme : un choix

Dès lors qu'on comprend qu'on a le choix, vous verrez combien on se sent automatiquement plus serein, dans une parfaite maîtrise des événements.

Si vous vous dites : « Il faut que je fasse toute la lessive du bébé avant midi », vous vous sentirez sous pression et pleine d'amertume. Si en revanche vous formulez les choses de la manière suivante : « Je peux m'occuper de la lessive du bébé, ou bien prendre une heure pour aller déjeuner au bistrot d'en bas », vous vous sentirez plus sereine d'avoir finalement choisi de faire cette lessive.

Pourquoi cela ? Parce que vous avez cru avoir le choix.

Pour ce qui est de vous sentir bien et sereine par rapport à vos obligations, vous avez le choix. C'est peut-être difficile à admettre lorsqu'on est tendue, prisonnière d'une certaine routine, mais ces choix existent bel et bien.

Vous avez le pouvoir d'être heureuse ou malheureuse, satisfaite ou déprimée, aimée ou mal-aimée, tendue ou sereine. Il faut parfois fournir quelques efforts ou faire preuve de créativité pour voir que ces choix existent, mais ils en valent la peine.

Pour vous faciliter la tâche au fil du temps, vous pouvez vous livrer à un petit jeu, qui vous aidera à identifier les choix qui se présentent à vous. C'est aussi une façon de pratiquer la pensée positive. Au bout de quelque temps, cela deviendra pour vous une seconde nature.

Les choix qui s'offrent à vous

Vous pouvez vous inquiéter de tout ce travail qui s'entasse, alors que vous « perdez votre temps » à lire un livre	OU	vous détendre et savourer le calme qui vous envahit.

►

Vous pouvez vous lamenter parce que vos amis sans enfants sont allés au cinéma sans vous	OU	vous relaxer et profiter de cette relation unique et précieuse entre vous et votre enfant.
Vous pouvez pester contre le fardeau de responsabilités qui pèse sur vos épaules, depuis la naissance de votre enfant	OU	vous calmer et prendre conscience du privilège que vous avez d'aider un autre être à se développer.
Vous pouvez vous sentir prisonnière des exigences incessantes de cet enfant qui grandit	OU	prendre les choses avec sérénité et vous sentir reconnaissante de cet amour absolu qui vous est donné.

Comment prendre les choses à la légère

Dans tous les aspects de la vie, on peut choisir sa façon d'envisager les choses, ainsi que la réaction à avoir face à elles. Vous pouvez ouvrir votre fenêtre et voir un monde splendide, plein d'amour et de compassion, ou bien un monde de cupidité et d'égoïsme. C'est à vous de choisir.

Vous ne pouvez peut-être pas maîtriser le travail que vous avez à faire, ou bien vos conditions de vie, ou encore l'attitude de votre partenaire et le tempérament de votre bébé. En revanche, ce que vous *pouvez* maîtriser, c'est votre façon de réagir.

Vous êtes même en mesure de transformer la corvée la plus rébarbative en une activité gratifiante et épanouissante.

Si vous faites trois choses à la fois, vous constaterez qu'éparpiller son attention génère de la tension. À l'inverse, concentrer son attention sur une seule chose à la fois produit exactement l'effet contraire – une sensation de sérénité, de plénitude et d'efficacité.

La philosophie zen préconise de se concentrer sur le « maintenant », en s'absorbant complètement dans l'instant présent. Ce précepte s'applique non seulement à la méditation et aux arts martiaux, mais à toutes les activités de la vie. Savoir se concentrer de la sorte fait de n'importe quelle activité quotidienne et ordinaire une occasion de méditer. Cela accroît l'efficacité et fait passer le temps beaucoup plus vite.

Lorsque vous vous consacrez à une seule tâche, lorsque vous vous immergez dans l'exécution de cette tâche, votre attention est regroupée, votre esprit n'est rempli que d'une chose ; les pensées parasites s'interrompent et vous vous sentez progressivement plus détendue et plus productive.

Essayez cette technique simple, qui vous aidera à accepter et à aimer ce que vous « devez » faire.

Concentrez-vous sur le « maintenant »

- Acceptez ce que vous avez à faire. Votre défi est de le transformer en une activité créative et épanouissante.
- Consacrez-vous pleinement à l'activité présente. Que vous soyez en train de préparer le déjeuner de bébé, de laver des draps, de repeindre sa chambre ou de lire un magazine, faites-le aussi consciencieusement que possible.
- Oubliez tous les stimuli extérieurs, tels que la radio ou les conversations.
- Concentrez-vous sur chacune des étapes de ce que vous faites. Immergez-vous dans le minuscule. Soyez consciente de chaque détail de ce que vous vivez. Et tâchez de faire preuve de concentration et de bonne volonté.
- Vous serez bientôt totalement absorbée par votre activité. Vous vous sentirez sereine et en paix.

Voilà comment transformer vos devoirs quotidiens en séances de méditation. C'est simple, n'est-ce pas ?

Faire du positif avec du négatif

Les pensées négatives, aussi insignifiantes soient-elles, ont le pouvoir d'influer sur le cours de votre journée entière. Non seulement elles augmentent le stress et le sentiment d'impuissance, mais elles peuvent même avoir des répercussions sur votre santé mentale et physique. Pourtant, à condition de le choisir, vous pourrez vous débarrasser de ces pensées négatives presque sans effort.

Si vous posez la question : « Comment y arriver ? », la plupart des gens vous répondront : « Par la volonté » – en écartant volontairement ces pensées négatives de leur esprit. Cela ne marche pas. La volonté n'a que très peu d'influence sur ce que nous pensons et ressentons.

Le premier pas consiste à accepter le fait qu'on ne peut pas se débarrasser directement des pensées ou des sentiments négatifs. On ne peut pas se forcer consciemment à ne *pas* penser de telle ou telle manière ; d'un point de vue psychologique, c'est presque infaisable. La seule façon de modifier consciemment une pensée, c'est de la remplacer par une autre. Ainsi, si vous désirez écarter des pensées ou des sentiments négatifs, au lieu de tenter de les faire disparaître, il vous faut simplement les remplacer par du positif.

Imaginons que vous vous sentiez déprimée, parce qu'il vous reste une montagne de corvées à accomplir. Pas moyen de vous empêcher de penser au retard que vous avez accumulé – c'est dans un coin de votre tête, cela vous obsède et vous rend nerveuse.

Essayez plutôt ceci : au lieu de vous concentrer sur ce qui vous reste à faire, regardez ce que vous avez déjà fait. De temps à autre, reportez également vos pensées sur une chose qui vous plaît, sur un plaisir passé ou à venir – vos dernières vacances au ski, ce nouveau manteau que vous projetez de vous offrir, ou encore ce fameux jour au bureau où vous aviez abattu tout le travail en un temps record.

On n'élimine pas les pensées négatives en essayant de les refouler, mais en leur substituant des pensées positives. Au lieu de voir le mur qui se dresse devant vous, voyez celui que vous avez déjà franchi. La substitution est infiniment plus puissante que la volonté, dans ce domaine.

Pour mettre en pratique ces conseils, essayez la technique suivante. Plus souvent vous l'appliquerez, plus elle vous semblera agréable et facile.

Le changement par le positif

Cherchez l'aspect positif de chaque événement ou comportement que vous considéreriez en temps normal comme purement négatif. L'humour est un bon moyen d'y arriver.

Disons par exemple que votre bébé agité vous empêche de dormir. Au lieu de rester sur un sentiment de fatigue ou d'irritabilité, dites-vous que vous pouvez enfin regarder la énième diffusion de *Autant en emporte le vent* sans culpabiliser. Cela ne vaut pas une bonne nuit de sommeil, mais vous ajouterez ainsi une touche de légèreté à une situation qui se résumerait en temps normal à de l'irritation.
Prenez l'habitude de regarder vers le haut, de voir le bon dans ce que vous faites ou dans ce qui vous arrive, et bientôt vous serez capable de faire du positif à partir des humeurs ou des situations les plus sombres. Il vous sera alors beaucoup plus facile de garder votre calme.

Il vous arrivera peut-être, tout en essayant de voir le côté positif des choses, de vous dire que votre situation est trop difficile, surtout après la naissance d'un enfant. Le bon sens vous dit que vous n'avez aucune raison de vous inquiéter ; vous avez peut-être même essayé des techniques de détente qui ont marché sur votre corps, mais votre esprit demeure agité.

Ce genre de choses arrive à chacun d'entre nous. Et même si on peut généralement en venir à bout, en combinant diverses techniques de relaxation, on manque souvent de l'énergie et de la motivation nécessaires. Heureusement, il existe une approche efficace, qui portera ses fruits en l'espace de quelques minutes.

Faites semblant

La plupart des tensions ou des angoisses qui nous affectent sont irrationnelles. En général, elles ne sont pas liées à ce qui nous arrive vraiment, mais à ce qui *pourrait* nous arriver, ou à ce que les autres *pourraient* penser de nous. Tout cela provient de notre inconscient.

Par conséquent, si on pouvait avoir accès à l'inconscient, on serait en mesure de désamorcer bon nombre de ces tensions et de ces angoisses. Mais, comme nous l'avons dit plus haut, on ne peut pas forcer son inconscient à fonctionner comme on le voudrait.

L'un des moyens les plus efficaces d'influencer cette partie de son esprit vient de l'enfance : c'est le jeu du « On dirait que ». Les psychothérapeutes les plus habiles utilisent cette technique pour détourner les barrières et les intrusions du conscient. Quant à vous, pourquoi ne pas vous en servir pour trouver la paix et la sérénité ?

Le rôle du calme

Indépendamment de ce que vous ressentez, ou de ce que vous croyez qu'on pourrait penser de vous, le rôle du calme exige seulement de vous que vous *fassiez semblant* d'être calme. ▶

- Demandez-vous à quoi ressemble une personne calme. Comment bouge-t-elle ? Comment parle-t-elle ? Comment se sent-elle ?
- Baissez votre voix d'un ton.
- Parlez plus lentement, un peu plus lentement que la normale.
- Bougez plus lentement, un peu plus lentement que la normale.
- Ralentissez votre respiration.
- Maintenant, faites semblant de vous sentir aussi calme que vous en avez l'air.
- Faites comme si vous maîtrisiez totalement la situation.
- Faites comme si tout le monde pensait que c'est votre état habituel.

En un rien de temps, vous le croirez vous-même.

Affirmer le calme

La force qui conditionne le plus notre façon de penser est la répétition.

Enfant, c'est par elle que l'on apprend. Aujourd'hui, on la nomme « entraînement ». On pratique son swing, jusqu'à ce que le geste devienne si machinal qu'on le réalise sans même y réfléchir. La répétition reste la méthode clé d'apprentissage et ce, tout au long de la vie. C'est aussi la façon la plus efficace d'orienter ses pensées, ses sentiments ou son comportement.

Lorsque vous vous répétez une phrase, elle s'enracine dans votre inconscient, jusqu'à se générer d'elle-même. Ce genre de répétition s'appelle dialogue intérieur, autosuggestion ou affirmation.

Si vous l'utilisez de façon négative (« Jamais je ne comprendrai ce programme de lavage », « Je déteste le repassage », ou encore « Le ménage, quelle plaie »), le fait est que jamais vous ne comprendrez ce programme de lavage, que vous détesterez toujours le repassage et que vous trouverez toujours que le ménage est une plaie.

Si en revanche, vous l'utilisez positivement (« Ce programme devient de plus en plus facile à lancer », « Je suis une repasseuse de première classe », ou « Quelle chance j'ai de faire un travail qui vaille la peine »), vous vous montrerez plus positive à l'égard de ce programme, de votre repassage ou du ménage.

Au Centre du Calme, nous avons mené une étude portant sur des personnes ayant recours aux techniques d'affirmation, et nous avons constaté qu'elles se méfiaient beaucoup des solutions épuisantes proposées par les magazines. C'est pourquoi nous nous appliquerons à détailler ici des principes plus simples, plus efficaces, qui marcheront pour la plupart d'entre nous.

Comme bon nombre de techniques abordées dans ce livre, le fait d'utiliser l'affirmation pour modifier immédiatement votre humeur vous paraîtra peut-être trop simple et trop facile pour être vraiment efficace. Mais si vous mettez cette méthode en œuvre, sans préjugés ni attentes particulières, elle produira l'effet désiré.

Le secret, c'est de se montrer créatif dans la formulation. Par exemple, si vous avez pour but de vaincre votre stress, alors vous devez choisir des paroles qui soient l'antithèse du stress – des mots tels que « calme », « sérénité », « tranquillité » et « détente ».

Vous pouvez en accroître la portée en ajoutant des pensées faisant partie du *ressenti* (comme : « Je sens que cette sensation irradie de mon corps »). Nos recherches ont prouvé que les gens aiment utiliser cette expression, non pas pour sa dimension mystique, mais parce qu'elle les aide à se sentir un peu plus calmes, lorsqu'ils s'imaginent effectivement en train d'irradier la sérénité, l'amour ou de l'énergie positive. Je n'ai aucune explication à ce phénomène, mais il se trouve que c'est ainsi pour beaucoup de gens.

Répétez-vous des paroles apaisantes comme celles-là – aussi fort que vous le permettront les circonstances extérieures – jusqu'à ce qu'elles saturent votre esprit. Répétez, répétez, répétez. Faites-le pendant au moins cinq minutes. Si votre esprit vagabonde, remettez-vous à réciter ces paroles dès que vous en prenez conscience. Et avant même que vous vous en aperceviez, elles feront déjà effet.

Rien ne presse

Beaucoup des tensions quotidiennes sont liées au temps – ou plutôt, à la certitude qu'on n'aura pas assez de temps pour tout faire, ou qu'on a trop de choses à faire en trop peu de temps.

En réalité, ce genre de tensions n'a rien à voir avec le temps. Tout est lié à votre *perception* du temps. Ce ne sont pas les horloges qui génèrent le stress, mais l'esprit.

Peut-être pensez-vous par exemple qu'il serait impossible de trouver trente minutes de liberté pour pratiquer le Moment perso (p. 29). Mais, une fois que vous l'aurez fait à deux ou trois reprises, vous constaterez que ce moment rend votre journée beaucoup plus productive, du point de vue du temps.

Autre moyen de modifier votre perception du temps, afin d'en réduire la pression : l'affirmation temporelle.

Au niveau du conscient, vous vous dites probablement que des mots aussi simples ne peuvent pas avoir un tel impact. Mais au niveau inconscient, vous vous sentirez plus détendue, à la seconde où vous commencerez à les employer.

L'affirmation temporelle

Chaque fois que vous sentirez que le temps vous dépasse, tout ce que vous ▶

aurez à faire, c'est vous répéter les paroles suivantes : « J'ai tout le temps. »

Répétez-les tout au long de la journée. Entendez votre propre voix les prononcer, et enregistrez-les. Faites-en une sorte de leitmotiv interne, qui pénètre votre conscience.

Si vous voulez ajouter une touche personnelle, n'hésitez pas : « Peu importe ce qui se passe dans ma vie en ce moment, j'ai tout le temps. »

Voici quelques petits « trucs » qui vous aideront à vous sentir maîtresse plutôt qu'esclave du temps.

La règle des dix minutes joue sur le fait que vous serez parfois un peu en retard à des rendez-vous – non pas parce que vous considérez votre temps comme plus précieux que celui de votre prochain, mais parce que vous êtes une maman et que vous avez une bonne excuse.

La règle des dix minutes

La plupart des engagements et des événements de votre vie se dérouleront tout aussi bien, que vous ayez dix minutes d'avance ou dix minutes de retard.

- Organisez-vous pour arriver dix minutes en avance à vos rendez-vous.
- Si vous réussissez à arriver dix minutes en avance, vous disposerez de ce temps précieux pour vous préparer à votre rendez-vous. Profitez-en pour vous détendre et pour trouver votre équilibre.
- Si vous n'arrivez pas en avance, c'est là que les *autres* dix minutes entrent en scène. Dites-vous que le monde ne s'arrête pas de tourner parce qu'on arrive dix minutes en retard. ▶

- Puis viennent les *dernières* dix minutes. Tout le monde sait que les parents de jeunes enfants ont encore moins de prise sur leur emploi du temps que n'importe qui d'autre. Même la personne la plus ponctuelle vous octroiera dix minutes supplémentaires de bon cœur, rien que pour cette raison.

Si vous faites le total de toutes ces dix minutes (dix minutes d'avance plus dix minutes de retard plus le bonus de dix minutes de la jeune mère), vous découvrirez soudain que vous disposez de trente minutes. Quel luxe !

Le métier le plus important du monde

Beaucoup de mères vivent une période durant laquelle elles se sentent isolées, dépréciées et physiquement épuisées. Dans ce rythme effréné 24 heures sur 24, entre les exigences d'un nouveau-né et le manque de sommeil, on ne voit pas la fin de cette spirale du stress.

Pourtant, il y a un bout à ce tunnel. Tout ce qu'il vous faut, c'est reprendre un peu confiance. Et devinez qui est le mieux placé pour vous rendre cette confiance ?

Non, pas votre conjoint. Vous-même.

L'exercice d'affirmation suivant est conçu pour procurer aux jeunes mères la confiance émotionnelle dont elles ont parfois besoin.

Affirmer sa propre importance

« Je fais le métier le plus important qui existe. Je suis tellement fière de ce que je fais. »

Ayez recours à cette phrase, encore et encore, plusieurs fois par jour. Entendez votre propre voix la prononcer. Faites en sorte qu'elle ►

devienne comme un leitmotiv intérieur. Ressassez-la autant que possible.

Si vous voulez ajouter une touche personnelle, n'hésitez pas.

« J'exerce le rôle le plus épanouissant qu'un être humain puisse rêver. Quand mon bébé s'épanouit, j'en fais autant. »

L'affirmation de la grossesse

La grossesse est une période d'émerveillement et de croissance. Cependant, pour certaines femmes, c'est aussi le temps du doute et de l'insécurité.

Qu'arrive-t-il à mon corps ? Vais-je retrouver un jour mon apparence « d'avant » ? Est-ce que mon bébé sera bien portant ? Est-ce que l'accouchement sera traumatisant ? Que deviendra mon couple, après la naissance du bébé ?

L'affirmation suivante a pour but de vous aider à dépasser ces doutes. Vous pouvez en moduler le contenu à volonté – du moment qu'il reste positif.

L'affirmation de la grossesse

« Avec mon bébé, c'est aussi mon amour qui grandit – l'amour pour moi-même, pour mon bébé et pour mon conjoint. »

Ayez recours à cette phrase, encore et encore, plusieurs fois par jour. Entendez votre propre voix la prononcer. Faites en sorte qu'elle devienne comme un leitmotiv intérieur. Ressassez-la autant que possible.

Si vous voulez ajouter une touche personnelle, n'hésitez pas. ▶

« Je suis tellement fière de mon corps et de la façon dont il s'adapte pour créer un environnement sûr pour mon bébé. »

S'affirmer comme parent calme

Et que se passe-t-il quand vous avez traversé la grossesse, que vous vous sentez importante, à l'aise dans votre rôle, mais qu'il vous arrive encore de vous sentir sur les nerfs ?

Vous trouverez ci-dessous une affirmation destinée aux parents en général, qui vous aidera à retrouver sérénité et satisfaction dans ce rôle qui est le vôtre. Une fois encore, utilisez ces paroles sans restriction.

L'affirmation du parent calme

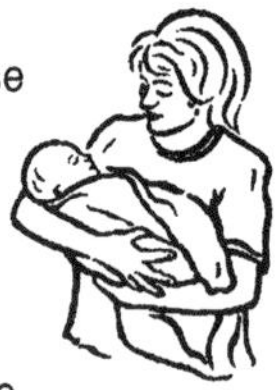

« Je ressens un amour et une tendresse énormes pour mon bébé. Nous sommes heureux, calmes et sereins. Nous irradions ce calme et le communiquons à tous ceux que nous côtoyons. »

Ayez recours à cette phrase, encore et encore, plusieurs fois par jour. Entendez votre propre voix la prononcer. Faites en sorte qu'elle devienne comme un leitmotiv intérieur. Ressassez-la autant que possible.

Si vous voulez ajouter une touche personnelle, n'hésitez pas.

« J'ai totalement confiance en mes compétences de mère. Je me sens apte à répondre à toutes les exigences de mon bébé. Je transmets cette confiance à mon bébé. »

L'affirmation de la tranquillité

L'affirmation suivante génère un message calme et apaisant. Faites-en un mantra pour convaincre votre inconscient que vous vous sentez en paix et détendue.

Le leitmotiv du calme

Répétez les mots suivants : « Calme, voilà comment je me sens à chaque fois que je prononce ce mot. Je me sens calme. »

Ayez recours à cette phrase, encore et encore, plusieurs fois par jour. Entendez votre propre voix la prononcer. Faites en sorte qu'elle devienne comme un leitmotiv intérieur. Ressassez-la autant que possible.

Pour parvenir au même résultat, vous pouvez également réciter les phrases suivantes : « À chaque instant, je me sens de plus en plus détendue. Je rayonne de calme, je le communique à tous ceux qui m'entourent. »

Si vous voulez ajouter une touche personnelle, n'hésitez pas.

« Je me sens détendue, satisfaite et en paix avec ce monde. Je communique cette sensation à tous ceux qui m'entourent. »

La recette du calme

Ce que nous mangeons et buvons a des effets notoires sur notre état. Chaque type de nourriture a une influence particulière ; pas seulement la cuisine « riche » ou « légère », mais aussi la cuisine épicée, avec ou sans matière grasse, relevée ou « calme ».

Calme ? Cela existe, de la nourriture « calme » ?

Eh bien oui. On peut influencer son état simplement en choisissant les aliments et les boissons appropriés. Certains sont des stimulants, d'autres aident à se détendre.

Les stimulants

Voici les aliments qui excitent et contraignent l'organisme. En haut de la liste, on trouve le café, le thé, le cola et tout ce qui contient de la caféine.

Vient ensuite le groupe des aliments contenant des additifs chimiques – des conservateurs, des colorants ou des exhausteurs de goût artificiels – et les aliments élaborés ou raffinés.

Puis c'est au tour de la cuisine épicée : outre les épices, on notera le vinaigre, les radis, l'ail, l'oignon et autres bulbes.

Rien qu'en limitant l'apport d'aliments de cette catégorie, vous vous sentirez plus calme et plus détendue.

Les aliments « léthargiques »

Il ne faut pas négliger les aliments dits « léthargiques ». Ils englobent toutes les viandes, l'alcool, les aliments raffinés, les condiments et les ferments. Ils ont pour effet principal de ralentir votre activité corporelle et de vous rendre somnolent.

Les aliments du calme

Les aliments du calme sont ceux qui nous intéressent le plus. Ils se digèrent facilement, ont un effet dépuratif et calmant, ils permettent de refaire le plein d'énergie.

Naturellement, on compte dans cette catégorie tous les fruits, la plupart des légumes, les noix et graines, les fèves, les céréales, les produits laitiers, la majorité des herbes et un nombre restreint d'épices.

Lorsque l'on consomme des aliments du calme, on se sent plus léger et plus détendu.

Petit guide du régime calme

Suivez les conseils ci-dessous, et vous saurez quelle nourriture choisir pour quel résultat :

- Augmentez la part relative des aliments du calme dans votre alimentation (fruits, légumes, noix et graines, fèves et haricots, céréales et laitages).
- Surveillez votre consommation d'aliments léthargiques (viandes, alcool, aliments raffinés, fermentés ou à base de condiments).
- Réduisez ou supprimez les excitants (café, thé, cola, cuisine épicée ou contenant des additifs artificiels).

Les hydrates de carbone jouent eux aussi un rôle intéressant. Ils sont énergétiques, et bien qu'ayant un effet stimulant sur l'organisme, leur consommation est suivie d'un « creux ». Les partisans du régime hyperprotéiné et pauvre en hydrates de carbone assurent qu'il régule les « pics » émotionnels causés par une consommation élevée d'hydrates de carbone. À vous de croire ce que bon vous semble. Votre meilleur indicateur, c'est l'effet que certains aliments produisent sur vous.

Les vitamines

Certaines vitamines aident à résister ou à se remettre des périodes de stress. Si vous structurez votre régime alimentaire autour des aliments quotidiens qui contiennent ces vitamines, vous vous sentirez plus sereine. Les vitamines concernées sont les suivantes :

- **La vitamine E :** on la trouve dans la plupart des légumes, dans de nombreux fruits, dans les œufs et les produits laitiers.

- **La vitamine A :** présente dans le yaourt, la crème, le beurre, les œufs, le foie, les carottes, les légumes verts à fanes et les fruits.
- **La vitamine C :** dans tous les fruits et légumes, notamment le poivron, le cassis, le kiwi, les choux de Bruxelles, les fraises et les oranges.
- **Le magnésium :** se trouve dans les graines, la farine complète et les céréales.
- **La vitamine B :** dans les légumineuses, les lentilles, les pois, les noix, les graines, le germe de blé, le son, les aliments complets, le lait, le fromage, le yaourt, la viande, le poisson, la volaille et les légumes verts à fanes.
- **L'acide pantothénique (vitamine B5) :** on le retrouve dans les arachides, le chou, le chou-fleur, le brocoli, le foie et les œufs.

Si vous pensez avoir besoin de compléments vitaminiques, demandez conseil à votre médecin ou à votre pharmacien, surtout si vous êtes enceinte.

L'équilibre acide-basique

Il existe deux types d'aliments, quel que soit le régime choisi : les aliments acidifiants et les aliments alcalinisants. Les aliments acidifiants laissent un résidu acide, après leur absorption par l'estomac. Quant aux aliments alcalinisants, ils laissent un résidu alcalin.

Les aliments acidifiants ont tendance à rendre nerveux. Les aliments alcalinisants, en revanche, ont plutôt un effet calmant.

Si vous consommez trop d'aliments acidifiants, vous vous sentirez à coup sûr tendue et agitée. En augmentant la proportion d'aliments alcalinisants, notamment en période de stress, vous serez plus en mesure de faire face aux tensions.

L'inverse est aussi vrai : votre humeur et vos émotions influencent l'équilibre acide-alcalin dans votre organisme.

Une respiration lente et détendue favorise les résidus alcalins, alors que des inspirations saccadées généreront de l'acide.

En rétablissant l'équilibre de ces composantes dans votre alimentation quotidienne, vous pouvez modifier votre état et accroître la sensation de calme. La proportion idéale est de 80 % d'aliments alcalinisants pour 20 % d'aliments acidifiants.

Aliments alcalinisants	**Aliments acidifiants**
Tous les légumes frais Tous les fruits frais Le riz complet et la farine complète Le millet La confiture Les fruits secs Le vinaigre de cidre La plupart des plantes comestibles	Toutes les viandes, les poissons et les volailles Les œufs et la plupart des produits laitiers Le son de blé, la farine blanche, les graines Le sucre, le sel et le poivre Le café, le thé, le cola et l'alcool Les aliments transformés ou raffinés Le vinaigre (distillé) La plupart des aliments emballés

Pour générer une sensation durable de calme, veillez à privilégier les fruits et légumes (si possible non cuits).

Assurez-vous en outre que vous consommez également les aliments suivants : haricots, bananes, kiwis, tomates, basilic, estragon, légumes, œufs, germe de blé, graines de sésame, lait, yaourt et flocons d'avoine.

Les boissons

Les boissons jouent elles aussi un rôle dans notre équilibre émotionnel.

Beaucoup de gens peuvent être transformés en pile électrique pour le reste de la journée, voire la nuit, par une simple tasse de café. Le thé, le cola et bon nombre de boissons gazeuses ont un effet comparable.

Certes, cela présente une perspective intéressante lorsqu'on est épuisé et qu'on a besoin d'un regain d'énergie. Néanmoins, comme tous les excitants, après un sursaut initial, ces aliments ont tendance à pomper votre énergie et à vous laisser de plus en plus abattu, à mesure que la journée avance. En outre, après un « pic », lui aussi temporaire, on ressent également une baisse de moral qui peut, chez certains, exacerber des tendances dépressives.

Mais il existe une réponse au problème des boissons excitantes : il suffit d'y trouver une alternative satisfaisante.

Si vous buvez deux tasses de café par jour depuis quelques années, l'idée de les remplacer du jour au lendemain par une infusion a de quoi faire un peu peur. Mais après vous être désintoxiquée du café (ce qui pourra prendre plusieurs jours), vous noterez une amélioration nette de votre moral. Certains disent même que ce coup de pouce devient presque une drogue en soi.

L'eau reste de loin le meilleur substitut aux boissons excitantes. Elle permet de surmonter les effets du stress et de garder son calme. Elle aide aussi à prévenir l'hypertension, les problèmes cardiaques, les attaques, les troubles respiratoires, la constipation, les maux de tête, les caries dentaires et même le vieillissement.

La méthode aqueuse

Votre consommation d'eau joue un rôle décisif dans la gestion du stress.

- Buvez au moins huit verres d'eau par jour.
- Buvez deux verres au lever le matin, et un avant chaque repas.
- Buvez de l'eau (à hauteur de deux gorgées pour une) à chaque fois que vous consommez de l'alcool ou du café. ▶

- Ayez toujours une bouteille d'eau à portée de main, notamment au travail.
- Buvez votre eau dans un verre à vin de qualité, pour en faire un breuvage d'exception.
- Consommez de l'eau plate plutôt que des boissons gazeuses.
- Préférez l'eau chaude au thé ou au café.

Prenez l'habitude de boire de l'eau, votre santé s'en trouvera améliorée et vous augmenterez vos chances de rester calme.

L'eau n'est évidemment pas la seule alternative aux boissons chargées en caféine. Parmi les boissons les plus rafraîchissantes, certaines sont beaucoup plus exotiques.

La verveine est connue pour calmer les nerfs et faciliter la digestion. La camomille a aussi des effets apaisants immédiats. La chicorée n'a peut-être pas tout à fait le goût du café, mais elle rafraîchit et rassérène. Et si vous

Aliments excitants	Substituts calmants
Café	Infusions Chicorée Thé déthéiné Thé vert Eau Café décaféiné Lait
Thé	Verveine Camomille Tilleul Thés fruités (sans théine) Eau chaude citronnée Eau fraîche
Cola	Eau plate froide Eau minérale Jus de fruits frais

cherchez une boisson qui détende vraiment, pensez au lait. Oui, au lait.

Le lait a des propriétés de relaxant musculaire, il contient beaucoup de calcium et un acide aminé appelé L-Tryptophane, qui génère calme et bien-être.

Le calme par l'exercice physique

Au cours de la grossesse et des mois qui suivent l'accouchement, vous serez tentée d'abandonner le moyen le plus naturel qui existe d'éliminer les excédents de stress : le sport.

Ce qui serait très dommage. Non seulement l'exercice physique agit contre les effets négatifs immédiats du stress, mais il inverse aussi les processus physiques qui génèrent les tensions. Et le sport est une arme puissante contre la dépression, l'anxiété, l'inquiétude et toute une série d'états émotionnels et psychologiques. Si vous avez à une époque pratiqué un sport de façon régulière, vous savez quel bien-être cela procure.

Le sport est le plus profitable – d'un point de vue psychologique plus que physique – quand on le pratique de façon répétitive et sans avoir à y réfléchir. C'est alors qu'il prend une dimension presque méditative.

Tâchez de trouver une activité praticable pendant la grossesse, ou avec un jeune enfant. À moins d'avoir un problème médical grave, il est recommandé de pratiquer un sport à hauteur de trois à cinq séances par semaine, pour en ressentir les effets calmants.

Parmi les exercices « relaxants » adaptés à la femme enceinte, on compte le yoga, la natation, la danse et le taï-chi. Toutes ces activités vous aideront, de façon positive et en douceur, à concentrer votre esprit sur votre corps et celui du fœtus, tout en vous gardant en forme et en soignant votre ligne. Gardez cependant à l'esprit que, pendant la grossesse, le rythme cardiaque au repos et votre température corporelle sont tous deux légèrement plus élevés ; de ce fait, les efforts physiques auront un impact plus prononcé. C'est pour cette raison qu'il est recommandé de ne pas forcer l'organisme et de ne pas le pousser au-delà de 60 à 75 % de ses capacités maximales.

Si vous désirez un programme personnalisé ou un encadrement de votre entraînement, adressez-vous à une salle de sport bénéficiant d'une crèche, de sorte que vous puissiez prendre soin de vous pendant que quelqu'un d'autre prend soin de votre enfant. Si en revanche, vous aimez la spontanéité, faites exactement ce qui vous vient d'instinct quand vous êtes tendue : marchez.

Ça marche !

La marche est pour beaucoup l'activité physique parfaite. Vous pouvez même la pratiquer avec votre enfant.

- Marchez entre trente et quarante-cinq minutes, trois à cinq fois par semaine.
- Gardez un rythme soutenu, mais ne vous inquiétez pas si vous vous faites dépasser par tous les joggeurs.
- Si vous ne pouvez pas confier votre enfant, emmenez-le avec vous, dans sa poussette.

Faites cela régulièrement, et vous aurez l'impression d'être quelqu'un de neuf – quelqu'un de plus calme et de plus serein, jour après jour.

Le calme à la maison

Bien qu'on conçoive clairement l'intérêt (pour les enfants comme pour les parents) d'un environnement calme pour élever ses enfants, on se demande parfois si foyer calme et enfants en bas âge ne sont pas antinomiques.

Même si vous en étiez capable, vous vous accorderiez à dire qu'il n'est pas dans l'intérêt d'un enfant de limiter son terrain de jeu et de découverte – deux activités qui génèrent nécessairement du désordre.

Je me suis toujours demandé pourquoi tant de gens considèrent qu'une maison sans pagaille est ce qui se rapproche le plus d'une maison calme. En me penchant sur la question, il est devenu évident pour moi qu'une maison en désordre est un pense-bête constant – qui rappelle, notamment aux jeunes mères, l'ampleur des corvées qu'il leur reste à accomplir. Ce travail inachevé participe de leur stress général.

On pourrait certes rétorquer que les parents de jeunes enfants ont toutes les excuses pour ne *pas* avoir un foyer net et bien rangé tout le temps, mais ce n'est pas ainsi que fonctionne notre psychologie – pour la majorité des gens, le désordre extérieur accroît la tension intérieure.

Si c'est l'effet que produit sur vous le bazar, vous serez heureuse d'apprendre qu'il existe une solution simple : contenir le chaos.

Comment contenir le chaos

Si vous avez la chance de disposer de beaucoup d'espace, appliquez-vous à garder certaines pièces rangées, et à autoriser le désordre dans d'autres. Dès que vous aurez accepté ce principe, vous pourrez l'exploiter. Accentuez le bazar de la pièce « chaos » en y déversant vos dossiers, le linge à repasser et le courrier en attente.

Si vous n'avez pas assez de place, créez des *coins* rangés, dans la maison. Faites en sorte qu'ils restent irréprochables, surtout si d'autres zones sont livrées aux forces de la nature.

Le bruit

Si bruit et enfants vont toujours de pair, les nuisances sonores ont tendance à accroître la tension au sein d'un foyer.

Cela n'est pas toujours flagrant. Quand on passe beaucoup de temps seule avec son enfant, on apprécie de temps à autre une petite diversion. Certains se sentent réconfortés par la radio ou la télévision en fond sonore. Bien que ce genre de bruits aient l'air parfaitement bénins, il n'en demeure pas moins qu'ils sollicitent l'attention. Et, pour la plupart des gens, le bruit constant entraîne une certaine agitation.

Alors, écoutez tout le bruit que vous voulez, mais alternez ces périodes avec des plages de calme. Forcez-vous à écouter le silence, plusieurs fois par jour, et tâchez d'en emporter la sérénité avec vous. Le silence est l'essence du calme. Abusez-en sans scrupules.

L'Espace calme

L'Espace calme fait partie des mécanismes les plus efficaces à tester chez soi. Le but est de créer un refuge dans lequel vous évader dans les moments de tension ou de pression extérieure. Le plus beau avec l'Espace calme, c'est qu'il est aussi bénéfique pour vous que pour votre enfant, votre conjoint ou votre chien.

Pour être efficace, vous devez « entraîner » ce lieu à produire le calme que vous recherchez (ou, plus exactement, vous entraîner vous-même à associer un sentiment de calme à cet endroit précis). Peu importe l'emplacement exact de l'Esp . calme chez vous – que ce soit une chaise dans le jardin ou un fauteuil dans un coin de votre chambre –, le tout est que vous vous y sentiez bien.

Au bout d'un moment, vous saurez faire de cet endroit une retraite où vous réfugier en cas de tension. Tout ce que vous aurez à faire, c'est laisser remonter en vous les sensations de calme associées à ce lieu.

L'Espace calme

- Désignez chez vous un coin qui sera votre « Espace calme ».
- Pour commencer, rendez-vous dans ce lieu quand vous vous sentirez détendue. Asseyez-vous et laissez-vous gagner par la paix, tandis que les associations se forment. N'emmenez votre enfant dans ce lieu que si vous êtes tous deux détendus.
- Instaurez un petit rituel : retirer ses chaussures, parler à voix basse, mettre de la musique douce, faire brûler des huiles essentielles.
- Réfugiez-vous dans cet Espace calme chaque fois que vous voudrez vous relaxer.

La musique calme

On dit que « la musique adoucit les mœurs ». En effet, son action sur l'humeur et les émotions n'est plus à prouver. Mais la musique va au-delà : elle induit des changements physiologiques réels – elle modifie le rythme cardiaque, la respiration, la tension, les taux d'hormones, l'activité cérébrale et même les réactions du système immunitaire.

À la maison, la musique est un moyen très efficace de créer une atmosphère de calme. Si vous aimez la musique classique, la musique romantique, la musique contemporaine ou le jazz, vous avez l'embarras du choix. Les chants de relaxation, le gospel et la musique chorale sont aussi très appréciables.

Si votre préférence va à la musique pop, vous devrez chercher un peu plus, mais les albums les plus « mélancoliques » feront l'affaire. Le défi consiste à trouver des albums qui maintiennent cette ambiance du début à la fin.

Vient ensuite la catégorie que les magasins de disques intitulent indifféremment « Musiques du monde », « New Age », « Musiques spirituelles ». Elle comprend un grand éventail, qui va de la simple musique d'ambiance à des orchestrations très complexes. Avec un peu de volonté, vous ne manquerez pas de dénicher votre bonheur dans ce registre (pour plus d'informations sur ce genre de musiques, voir le site www.calmcentre.com/sounds).

Le calme par la musique

Choisissez les genres de musiques qui vous conviennent le mieux. Laissez votre cœur décider, plutôt que votre tête.

Qu'est-ce qui vous *parle* le plus ? Qu'est-ce qui vous apaise ?

Ayez recours à des types de musiques différents, un par humeur, surtout avec votre enfant :

- De la musique mélodique pour le jeu.
- De la musique douce dans les moments de repos.
- Des morceaux très lents et simples pour le coucher.

L'usage le plus répandu consiste à mettre la musique en fond, et à vaquer à ses activités tandis qu'elle agit. Cependant, vous pouvez accentuer le rôle apaisant de la musique en vous concentrant. Vous est-il arrivé d'écouter un morceau et de vous retrouver « transportée » ? Voilà une expérience profondément calmante.

Il y a plusieurs années, mon groupe de recherche, le Centre du Calme, a publié un album associé au livre *Le Principe du calme*[1], dont le but était précisément de « transporter » les auditeurs. Avec ce CD, en vous concentrant sur

1. Paul Wilson, *Le Principe du calme*, CD inclus, Presses du Châtelet, 2000.

les notes d'ouverture, vous vous sentirez de plus en plus calme au fil du morceau.

Si les effets ont été très concluants sur les mères, les adultes en général, les adolescents en difficulté et certains bébés, l'impact sur les jeunes enfants a été variable. Nous n'avons pu déterminer s'il s'agissait d'une question de goût, de caractère ou d'oreille musicale.

Alors, qu'est-ce qui marche chez les plus jeunes ?

Dans les années cinquante, le Dr Salk a prouvé que les battements de cœur humain ont un effet calmant sur l'enfant et aident à la structuration du système nerveux central. Sachant qu'un fœtus vit pendant neuf mois avec les battements du cœur de sa mère, il n'y a pas là de quoi surprendre. C'est ainsi qu'est né l'engouement pour la musique à rythmique « battements de cœur ».

Dans les années soixante, on a constaté que les nouveau-nés de femmes ayant chanté ou écouté certaines musiques calmes pendant leur grossesse se calmaient naturellement, au contact de ces musiques. Le liquide amniotique dans la matrice étant un excellent conducteur acoustique, le fait d'écouter de la musique apaisante pendant la grossesse est un bon moyen de communiquer avec son futur bébé.

Puis les chercheurs ont découvert ce que vous savez probablement d'instinct : les mélodies harmonieuses calment et attirent les bébés, alors que les sons discordants ou les grandes amplitudes dynamiques les excitent. La berceuse est une excellente illustration de cette réalité.

Quelles que soient vos préférences, la musique contribue agréablement à créer un environnement apaisant et rassérénant, tant pour vous que pour votre bébé.

La relaxation profonde

« Relaxation profonde », l'expression à elle seule est calmante. Mais les bienfaits d'un état de calme total vont bien au-delà. Savoir les provoquer à la demande génère des bénéfices à long terme. Par exemple, vous serez :

- Moins affectée par le manque de sommeil.
- Mieux armée contre le stress.
- Plus tolérante.
- Plus positive.
- Plus apte à jongler avec les contraintes relationnelles de votre vie.
- Plus heureuse et plus satisfaite.

Et ce n'est pas tout. Vous trouverez ci-après une série de méthodes simples qui vous montreront combien il est facile d'y parvenir. Commencez par celle qui suit.

Premiers pas vers la relaxation profonde

Quel que soit votre environnement actuel, faites une pause – tout de suite – et concentrez-vous sur votre respiration.

- Prenez conscience de son bruit.
- Sentez chaque inspiration gagner doucement un endroit serein, à l'intérieur de vous.
- Concentrez-vous uniquement sur cette inspiration.
- Constatez comme vous vous sentez plus détendue.

Une minute de cet exercice vous procurera un grand sentiment de calme. Au bout de vingt minutes, vous aurez atteint un état de relaxation profonde. Vos pensées s'immobiliseront, votre corps et votre esprit entreront dans une phase euphorique, d'harmonie parfaite. Vous ne pourrez pas l'empêcher, cela se fera de soi-même.

Le calme par la respiration

Le corps humain compte un certain nombre de fonctions « involontaires » – le pouls, les battements cardiaques, la respiration... Elles se produisent invariablement, que l'on soit conscient ou inconscient. De toutes ces fonctions involontaires, seule la respiration est soumise à un certain contrôle conscient.

En maîtrisant votre façon de respirer, vous pouvez influer sur votre état émotionnel et physique. Voilà pourquoi on utilise couramment les techniques de respiration pour calmer, aider au rétablissement, affronter l'adversité ou une épreuve – physique, morale ou intellectuelle. Ces techniques permettent d'exploiter des ressources auxquelles on n'aurait pas forcément eu recours.

Et vous n'en croirez peut-être pas vos oreilles, mais il suffit de trois précautions élémentaires pour atteindre le calme par la respiration.

Respirer profondément

L'une des caractéristiques les plus visibles du stress est son impact sur la respiration : on respire vite et quasiment « à vide ».

Une personne détendue, en revanche, respirera plus profondément et plus lentement.

En modifiant votre cadence respiratoire et en imitant celle d'une personne détendue (c'est-à-dire par des inspirations lentes et profondes), vous commencerez à vous relaxer.

Alors, commençons par une grande inspiration. Essayez vous-même, maintenant.

Si vous l'avez fait, vous avez dû relever le menton, gonfler la poitrine, et redresser les épaules en remplissant les poumons. C'est comme cela qu'on vous l'a appris, à la maternelle.

Mais pour prendre une vraie inspiration et remplir ses poumons à fond, ce n'est pas du tout comme cela qu'il faut s'y prendre. Il faut se concentrer sur le *bas* des poumons, faire pénétrer l'air jusqu'en bas.

Pour assister à une démonstration, regardez votre bébé dormir. À chaque inspiration, c'est son ventre que vous verrez se soulever, pas sa poitrine.

Vous pouvez vous entraîner, vous aussi ; tout ce qu'il faut, c'est faire marcher votre imagination.

Au lieu d'imaginer que l'air rentre par la bouche et descend dans les poumons, imaginez qu'il pénètre par le bas des poumons (près du nombril) et qu'il remonte.

Ainsi, vous sentirez votre bas-ventre se d-i-l-a-t-e-r lorsque vous inspirerez.

Vous constaterez que ce genre de respiration profonde modifie très nettement votre état.

Respirer lentement

L'étape suivante est plus facile : il vous faut ralentir volontairement votre respiration. Juste un petit peu. Pas besoin de vous épuiser – concentrez-vous seulement sur ce ralentissement.

Écouter

La troisième étape consiste à écouter. Concentrez-vous sur le son de votre respiration. Écoutez l'afflux d'air dans vos narines. Écoutez le souffle chaud qui ressort par votre bouche.

Le calme par la respiration

- Respirez profondément – par le bas des poumons.
- Respirez lentement – juste un petit peu.
- Écoutez le va-et-vient de votre propre souffle.

C'est tout ce que vous avez à faire : respirer profondément, respirer lentement et écouter. Au bout de quelques minutes, vous ressentirez un effet apaisant immédiat – et plus vous pratiquerez souvent, plus cet effet sera rapide.

Le calme profond

L'un de mes ouvrages précédents, *Le Principe du calme*[1], s'articulait autour d'une technique spécifique qui est en fait une méthode de méditation traditionnelle, dépourvue de ses connotations mystiques. Ce qui suit en est une variante, que j'ai nommée le calme profond.

Quand on parle de méditation, les gens répondent en général « Oh oui, je vais m'y mettre… un jour ». Cela provient de l'idée que la méditation demande une compétence particulière, comme le yoga, que l'on doit pratiquer et perfectionner avant d'être en mesure de l'utiliser.

Eh bien, c'est une erreur.

La méditation ne requiert aucune compétence particulière, ni savoir ni discipline ; plus on la pratique, plus elle devient efficace. Avec un minimum d'effort et d'instruction, tout le monde peut pratiquer le calme profond. *Tout le monde* peut en récolter les fruits.

Comme vous vous en doutez, le calme profond est d'un grand secours pour les jeunes mères, qui doivent faire face à toutes sortes de tracas quotidiens. Vous avez peut-être entendu cette définition de la méditation : « être, pas agir ». Pour des mères qui passent leur temps à « agir », trouver un moment pour s'asseoir et « être » peut sembler un luxe inaccessible. Toutefois, si vous parvenez à libérer quinze à trente minutes en début ou en fin de journée, vous verrez que vous serez beaucoup plus sereine et efficace, dès qu'il faudra « agir ».

---

1. Presses du Châtelet, 2000.

Les personnes qui pratiquent le calme profond le décrivent comme l'état le plus naturel et le plus serein qu'elles connaissent. Car ce sont le corps et l'esprit qui se détendent : la respiration et le rythme cardiaque ralentissent ; les pensées sont claires ; on se sent même flotter. On est gagné par un sentiment de sérénité et de détachement qui génère à son tour assurance et sécurité.

Le calme profond vise à reproduire ces sentiments, que vous associez peut-être à d'autres expériences passées. Repensez à ce que vous ressentez lorsque :

- Vous rêvassez.
- Vous êtes sur le point de vous endormir.
- Vous vous faites masser.
- Vous regardez par la fenêtre, pendant un long voyage en train.

Dans des moments comme ceux-là, vous n'avez pas conscience d'un état particulier, vous êtes, voilà tout. C'est l'objectif du calme profond.

Préparation au calme profond

La préparation au calme profond peut être une expérience très relaxante en soi.

Avant tout, trouvez un endroit où vous pouvez vous asseoir et vous détendre, sans être interrompue, pendant quinze à trente minutes. Décrochez le téléphone.

Pour la suite, tout passe par les yeux.

Vous savez d'expérience que l'une des façons les plus rapides et les plus efficaces de se détendre consiste à fermer les yeux. Cette action toute simple a un effet apaisant immédiat sur l'ensemble du corps.

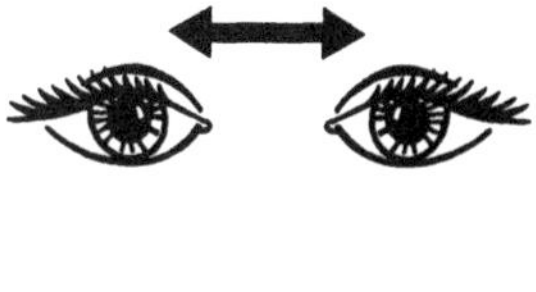

Mais tout d'abord, il faut passer par une étape appelée

déconvergence. Modifiez votre champ visuel, afin qu'il devienne aussi large que possible et que votre vision périphérique s'étende. Sans bouger les yeux, vous serez en mesure d'englober du regard une plus grande partie de la pièce qui vous entoure.

Peu importe jusqu'où vous êtes capable de voir. Ce qui compte, c'est la *sensation* que nous tentons de générer. Vos muscles oculaires commencent à se détendre, à mesure que votre vision périphérique s'élargit.

Ensuite, baissez les paupières. Tout en gardant les yeux déconvergés, contentez-vous de laisser vos paupières tomber très lentement (a). Vous constaterez alors combien votre corps se relaxe. Tout cela se produit naturellement.

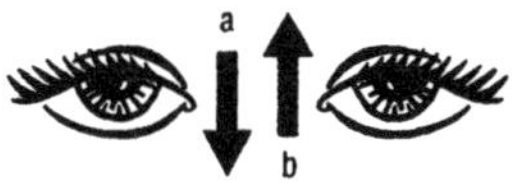

Pour finir, laissez vos yeux remonter lentement (b), juste un peu.

Lorsque l'on est plongé dans un état de méditation, les yeux remontent automatiquement. On le remarque très bien quand on est sur le point de s'endormir. En reproduisant consciemment ce mouvement, on crée le même état de repos.

Élargissez votre vision périphérique, baissez les paupières, puis laissez vos yeux remonter. Pratiquez ce petit exercice pendant une minute, et vous vous sentirez tout de suite plus détendue.

La méthode du calme profond

On crée un état de calme profond en arrêtant de réfléchir, ou en « immobilisant » ses pensées. Le seul moyen d'y parvenir est de saturer l'esprit d'une seule chose – une image, une petite histoire, un sentiment, une action répétitive, un mot ou une expression – afin qu'il ne reste de place pour rien d'autre.

L'une des méthodes de méditation les plus courantes consiste à répéter un mot ou une expression unique. Pour le calme profond, n'importe quel mot choisi au hasard dans le dictionnaire ou l'annuaire fera l'affaire. Ou n'importe quel son, à vous de choisir.

Personnellement, le mot que j'affectionne est « calme ». Vous pouvez aussi essayer « apaisant ».

Tout ce qui compte, c'est la répétition. Dans votre tête, répétez-vous le mot, entendez votre propre voix le répéter. Lorsque votre attention s'égare, ce qui est inévitable, forcez-vous à repenser à votre mot. Dirigez votre attention sur lui, calmement.

Le calme profond

- Asseyez-vous dans un endroit calme, où vous ne serez pas dérangée, de préférence sur un siège confortable, à dossier droit.
- Accomplissez les trois étapes de préparation (élargir sa vision périphérique, fermer les paupières, laisser remonter les yeux).
- Écoutez le son de votre respiration.
- Quand vous vous sentirez détendue, prêtez attention à votre mot, qui semblera venir de l'intérieur de vous – comme si vous le prononciez vous-même.
- Inspirez en cherchant ce mot ; expirez en l'entendant.
- Si votre attention vagabonde, replacez-la calmement sur le mot. Poursuivez pendant quinze à trente minutes.

Rappelez-vous : l'effet du calme profond est lent, subtil et cumulatif. Comme pour un entraînement sportif, il fonctionne mieux dès lors qu'on le pratique régulièrement, pendant une durée suffisante. De même, tout comme pour une activité sportive, vous sentirez probablement votre enthousiasme s'émousser, au bout d'un mois environ. Mais c'est précisément après ce délai que vous commencerez à en ressentir les bénéfices. Si vous persévérez pendant quelques mois, vous ne voudrez plus vous arrêter.

Amour et contact

Au cours de nos recherches sur le calme profond, nous avons découvert qu'il était possible de générer des états de relaxation simplement par la pensée.

En première position viennent les pensées liées à l'amour, ou à une conviction spirituelle profonde (comme penser à Dieu, sous l'une de ses multiples formes).

De même, ceux qui éprouvent des sentiments d'amour pour quelqu'un – enfant ou conjoint, par exemple – se sentiront détendus, rien qu'à cette pensée. Si vous vous concentrez sans interruption sur des pensées de ce genre, vous vous sentirez gagnée par un état de relaxation assez proche du calme profond.

Le contact humain a des effets comparables – en pratiquant la technique du calme profond pendant que vous allaitez ou bercez votre enfant, par exemple, vous plongerez dans un état de relaxation profonde.

Un contact léger avec autrui fait aussi des merveilles. Que ce soit la proximité avec quelqu'un d'intime, ou bien lors d'un massage ou d'une séance de réflexologie, le contact sous toutes ses formes vous mènera sans aucun effort jusqu'au calme profond.

CHAPITRE 3

LE CALME POUR VOTRE ENFANT

« Il suffit d'une joie pour effacer
cent soucis. »

Confucius

Le développement de votre enfant

Bien que le but principal de ce livre soit de vous aider à trouver *votre* calme intérieur, il touche forcément au calme intérieur de votre enfant. Quand votre enfant sera serein, vous trouverez cela plus facile d'être sereine vous-même.

Il ne faut cependant pas oublier que les besoins et les motivations d'un nourrisson sont souvent moins intelligibles que les nôtres et qu'ils ont tendance à varier, selon les stades de développement traversés.

Les paragraphes suivants traitent de chacun de ces stades, depuis la grossesse jusqu'à la scolarisation.

Reportez-vous à la section correspondante, l'heure venue. Non seulement cela vous facilitera la compréhension de ce que votre enfant vit, mais vous y trouverez aussi un certain nombre de défis à relever pour vous, pendant chaque période.

À quelque âge que ce soit, rappelez-vous néanmoins que votre enfant est unique – tous les enfants grandissent et se développent à leur façon, en ne se conformant que rarement à ce que d'autres prennent pour « la norme ».

La grossesse

Pour certaines femmes, la grossesse est un temps de sérénité et d'émerveillement – elles flottent, se sentent dans une forme resplendissante, pleines de dynamisme et comblées sur le plan émotionnel. Pour d'autres, c'est une phase de fatigue, d'inconfort physique et de sautes d'humeur. C'est entre ces deux extrêmes que l'on retrouve ce que vivent la plupart des femmes.

On dit souvent qu'avec la grossesse, l'accouchement et l'allaitement, un état de tension ou d'anxiété extrême peut exacerber, voire causer, des troubles tels que les nausées matinales ou le *« baby blues »*.

C'est peut-être vrai. Ce qui en revanche est certain, c'est que le calme est meilleur pour vous et votre bébé que le stress – ne serait-ce que parce que vous allez vous sentir mieux *maintenant.*

Il existe de très bonnes raisons d'envisager la grossesse de façon calme et détendue. Tout d'abord, une femme qui prend soin d'elle sera bien plus apte à prendre soin de son enfant. Ensuite, si l'accouchement est effectivement un moment très éprouvant, ce n'est que le début. Les mois qui suivent l'arrivée d'un bébé exigent de la mère un dévouement total, qui implique souvent des nuits anarchiques et des contraintes 24 heures sur 24. Rester en forme, calme et détendue vous aidera à affronter ce marathon.

La grossesse peut être un temps de consolidation et de préparation, un temps pour se concentrer sur la relaxation, l'exercice physique et un régime équilibré – sujets qui ont été évoqués plus haut dans cet ouvrage. C'est aussi le moment d'établir un rituel du calme qui vous sera utile, non seulement aujourd'hui, mais dans les mois et les années qui suivront la naissance de votre enfant.

Essayez de mettre au point un programme de pensées et d'exercices calmants et ce, dès maintenant. Ce sera toujours cela de moins à régler, avec l'arrivée du bébé.

La naissance

Avant de passer en revue les différents moyens de mettre un peu de calme dans le processus de la naissance, essayons de comprendre pourquoi l'accouchement provoque une telle panique chez de nombreux futurs parents.

La première raison est la peur. La peur de souffrir. La peur des hôpitaux. La peur de subir des complications, de perdre sa dignité, la peur d'une situation qui nous échappe. La peur de l'inconnu. Certaines de ces peurs s'entretiennent d'elles-mêmes. La peur de la douleur, par exemple, entraîne une tension qui favorise la douleur.

Mais la plupart d'entre elles proviennent de l'ignorance et du manque d'expérience – deux lacunes qui peuvent être comblées par l'information et l'expérience.

L'information se trouve dans les livres et dans les conversations avec d'autres femmes qui ont elles-mêmes des enfants.

Quant à l'expérience, elle doit beaucoup aux « répétitions générales ». C'est le but des cours de préparation à l'accouchement. En règle générale, ils proposent plusieurs séances impliquant les futurs pères et mères, ainsi que des exposés détaillés, des vidéos, des simulations et, parfois, la visite d'une maternité. L'effet rassurant de ces cours est incontestable.

Mais savoir se relaxer et rester calme dans les situations de stress physique intense demande une certaine réflexion et de la pratique. Les cours de préparation à l'accouchement vous enseigneront certaines de ces méthodes. Vous pouvez en outre avoir recours aux conseils de ce livre. *Mais surtout, commencez à les mettre en œuvre bien avant le jour J.* Vous disposerez ainsi d'une base solide sur laquelle vous appuyer, indépendamment des techniques d'accouchement que vous aurez choisies.

La chose importante à garder à l'esprit, c'est que toutes les techniques du calme sont utiles – et celles qui marcheront le mieux pour vous seront celles dont vous *sentirez* qu'elles marchent sur commande. Essayez-en plusieurs et entraînez-vous jusqu'à ce que vous les utilisiez sans même y réfléchir.

Les six premiers mois

Bienvenue aux jeunes parents !

Vous voilà plongés dans le bain : tous ces mois de préparation et d'entraînement, sans une seconde pour réfléchir à ce qui se passe. Pour beaucoup de femmes, les premiers jours de la vie de mère sont une période surréaliste, durant laquelle la plupart des responsabilités sont assumées par quelqu'un de plus expérimenté et de plus qualifié.

Puis on arrive à la maison avec son nouveau fardeau. Si vous êtes comme la majorité des jeunes parents, vous vous sentez totalement désemparée devant ce qui vous attend. Et dès l'instant où votre bébé pousse son premier cri, le compte à rebours commence.

Vos jours et vos nuits deviennent flous. Le sommeil n'est plus qu'un rêve. Votre programme beauté est mis de côté.

Et puis, quand vous commencez à croire que toute votre vie va se dérouler de cette façon, un changement miraculeux se produit. Votre bébé se met à dormir chaque nuit à la même heure, et pour une durée régulière. Mieux encore, voilà que votre enfant vous reconnaît – et qu'il sourit ! Rien ne vous avait préparée à ce sentiment d'amour et d'attachement profond. C'est ce qui fait que cela en vaut la peine.

Le monde de votre nouveau-né

Âge	Évolution physique	Évolution mentale	Compréhension	Comportement
0-3 mois	Champ visuel restreint : il ne distingue que la lumière, les formes et le mouvement. Suit tous les mouvements des yeux. L'ouïe est bien développée, l'odorat un peu moins.	Le dévelop-pement du cerveau permet le contrôle des fonctions vitales (respiration, etc.).	Il ressent de l'empathie pour vos émotions.	Il fait de petits sourires. Il recherche instinctive-ment la nourriture. Il se tourne en direction du bruit. Il maîtrise ses mains et ses pieds. Il pleure souvent. Il aime qu'on le porte dans les bras.
4-6 mois	Il est fasciné par les objets en mouvement, surtout s'ils sont de couleur vive et proches de lui. La vue est presque normale. Il développe un système immu-nitaire propre (des infections mineures sont possibles).	Le cerveau est capable de réagir à tous les sons liés au langage.	Il écoute attentivement et reconnaît son nom. Il préfère sa mère à toutes les autres personnes.	Il sourit souvent. Il rit. Il vous regarde attentivement. Il imite certains sons. Il met les objets à la bouche. Il essaie de s'asseoir.

Jusqu'à il y a peu de temps, on croyait que le nourrisson ne percevait que très peu de détails de son environnement, durant les premiers mois de sa vie. Un nouveau-né était comme une page blanche sur laquelle s'écrivaient la personnalité, les événements et les habitudes. Toutefois, les recherches menées au cours des dernières décennies nous ont fourni des indications très précieuses, concernant ce monde.

Nous savons à présent que les bébés possèdent des instincts sociaux innés, qui commencent à se développer avec les premières relations avec la mère. Dès son huitième jour, le nouveau-né est capable de reconnaître l'odeur de sa mère. Puis on note qu'il aime beaucoup le son de la voix, notamment maternelle. Il aime regarder les visages, surtout celui de sa mère.

Bien qu'il ne le perçoive pas comme un adulte, le nourrisson est très conscient du monde qui l'entoure, qu'il appréhende à travers des sensations physiques. Cela s'étend à sa mère, qu'il conçoit comme une extension de lui-même.

Les contraintes les plus difficiles au cours de cette période sont liées aux pleurs, à la dépendance et à l'environnement.

Les pleurs

En moyenne, les bébés passent au minimum 7 % de leur journée à pleurer. Qu'est-ce que cela signifie ? Est-ce dû à la maladie ? Est-ce de la douleur ? De l'irritation ? Ou un rot coincé ? Ou bien est-ce de la « conversation » de bébé ?

Les pleurs sont l'un des rares moyens de communication dont dispose votre bébé. S'ils sont souvent la marque d'un malaise quelconque, ils ne servent en aucun cas à irriter ou à manipuler – un bébé de cet âge ne sait tout bonnement pas comment utiliser son comportement pour influencer les actes d'une autre personne. Aussi est-il infondé de croire que prendre son bébé dans les bras quand il pleure va l'encourager à recommencer.

Il est beaucoup plus reposant pour vous et votre bébé de « capituler » et de le réconforter.

La dépendance

Dès les premières secondes de sa vie, votre bébé et vous devenez une seule entité. Votre enfant a besoin de vous pour réguler chacun des aspects de sa vie. C'est pourquoi il se calque instinctivement sur vous et sur vos réactions, même les plus infimes. Si vous le tenez de façon raide, il se raidira. Si vous paraissez alarmée, il le sera lui aussi. Si vous le laissez pleurer, il se sentira abandonné et impuissant. Les nouveau-nés ont besoin d'autant de contact rassurant que possible.

Autour de trois mois, vous noterez que votre enfant s'est beaucoup individualisé. Il est devenu capable de communiquer à travers des sourires et des gazouillis charmeurs et ne se limite plus aux pleurs.

Votre enfant aspire alors au contact social et il se mettra à pleurer si vous le laissez seul trop longtemps. Dans le même temps, il ne réagit pas de la même façon selon la personne qui le prend dans les bras. Votre bébé est en train d'apprendre la discrimination.

L'environnement

Cela peut sembler une évidence, mais le nourrisson a besoin d'être entouré de calme.

Pendant neuf mois, le bébé a baigné dans un environnement tranquille et serein, dans lequel chacun de ses besoins était satisfait sans même qu'il le sache. À présent, il doit faire face à un changement de taille : il ressent la faim et doit apprendre comment se nourrir ; il doit apprendre à dormir et à se réveiller ; il apprend aussi la lumière, le bruit, le froid, le chaud et le toucher. Mais par-dessus tout, votre enfant a besoin de repos – entre 14 et 15 heures 30 par jour.

Comment tenir un nouveau-né calmement

- Tenez votre bébé avec douceur, calmement et fermement, de préférence tourné vers vous. Comme les muscles du cou ne sont pas encore développés, assurez-vous que la tête soit bien maintenue. Si vous jouez avec lui sans ménagement, votre enfant risque de se sentir inquiet.
- Parlez d'une voix douce et rassurante.
- Gardez un contact visuel permanent avec votre bébé.
- Évitez les lumières vives et les bruits soudains.
- Donnez à votre enfant des bains tièdes – pas trop chauds. Et lorsque vous le changez, faites-le doucement, par étapes.
- Et surtout, et c'est primordial, veillez à être aussi détendue que possible, dès que vous manipulez votre bébé.

Même si les besoins de votre enfant demandent du temps et de l'énergie, sachez que ces premiers mois posent les bases de tout son développement futur. Votre bébé attend de vous que vous compreniez ses exigences et son caractère, afin que vous établissiez des habitudes et que vous fixiez des limites, le tout en restant parfaitement calme.

Bon nombre de considérations vont ici entrer en jeu. Elles vont du tempérament de votre bébé jusqu'aux techniques d'endormissement, en passant par votre réaction à ses pleurs.

Le tempérament de votre bébé

Malgré ce qu'essaient de vous faire croire certains experts, les bébés se conforment rarement à une norme particulière. Depuis l'instant où ils arrivent dans ce monde, ils développent leur personnalité propre.

Beaucoup pensent que les traits de caractère exprimés à cet âge ont une influence directe sur les soins qu'on prodigue à l'enfant, voire sur les occasions qui s'offrent à lui, en grandissant. Par exemple, avec un bébé calme et facile à vivre, il vous sera plus naturel de réagir avec chaleur et affection – réaction qui encourage la croissance et agira tout au long de la vie de votre enfant. De même, devant un bébé plus « difficile », on a plus de mal à garder son calme et sa bonne volonté. Rappelez-vous surtout que, si tous les bébés sont différents, tous les parents aussi.

Durant les premiers mois, non seulement vous devrez, votre enfant et vous, établir au jour le jour une relation classique mère-enfant, mais il vous faudra en outre vous faire à la personnalité de l'autre. Et, comme vous l'avez deviné, cela vous demandera plus d'efforts à vous qu'à lui.

Par conséquent, il peut se révéler utile de comprendre le tempérament de son bébé, et de savoir s'y adapter au mieux. Posez-vous les questions suivantes :

- Quel est le niveau d'activité de votre enfant ? Essaie-t-il de ramper à l'autre bout de la pièce, lorsque vous le mettez par terre ? Ou bien a-t-il tendance à rester là où on le pose ?
- Ses rythmes biologiques (sommeil, nourriture, fonctions corporelles) sont-ils à peu près réguliers, ou au contraire totalement imprévisibles ?
- Comment votre bébé réagit-il à la nouveauté ? Les nouveaux jouets, visages ou expériences sont-ils bien accueillis ?
- Avec quelle intensité répond-il aux stimuli ?

- De prime abord, votre enfant est-il plutôt d'humeur calme, ou bien troublée, agitée ?
- Vous est-il facile de le distraire lorsqu'il pleure, ou se montre-t-il entêté ?

En répondant à ces questions, vous dévoilerez certaines indications concernant le tempérament de votre enfant.

Lorsque vous parcourrez les « profils » cités plus bas, gardez bien à l'esprit qu'ils s'appuient sur des stéréotypes. Votre enfant est unique et ne peut être catalogué aussi facilement.

De plus, votre propre tempérament va venir influencer la perception que vous avez du caractère de votre bébé. Si, par exemple, vous préférez une organisation stricte et vous montrez très pointilleuse dans la façon de faire tourner votre foyer, un bébé éveillé vous paraîtra plus problématique qu'à une personne de nature plus détendue.

Aussi veillez à prendre les lignes qui suivent comme de simples indications.

En outre, comme il s'agit d'un ouvrage sur le calme, avec pour postulat sous-jacent qu'un parent calme a souvent un enfant calme, il pourra paraître risqué pour vous d'appliquer cette maxime à votre propre situation – jusqu'à générer un sentiment de culpabilité si votre bébé n'a pas l'air calme.

Une fois encore, il ne faut surtout pas oublier que tous les humains sont différents – même les bébés. Certains bébés sont sensibles au calme de leurs parents, d'autres moins. Certains nécessitent des soins particuliers, d'autres pas. Certains ont besoin de fermeté, d'autres non.

Alors jetons un œil aux grands types de tempérament.

Le bébé « pleureur »

Pour certaines mamans, ce genre de bébé est un réel problème. Le bébé pleureur fait tout à moitié, sauf pleurer, bien sûr. Il ne se nourrit pas très bien et ne dort pas très bien. Il n'aime pas qu'on le stimule trop, mais pleurniche si on ne le sollicite pas assez. Il a souvent l'air malheureux, mais il est difficile à réconforter.

Il est parfois délicat de prendre soin d'un enfant qui traverse cette phase, s'il s'agit bien d'une phase. Vos efforts pour l'apaiser sont souvent bien mal récompensés et se soldent en général par encore plus de pleurs. Lorsque l'on doit faire face à cela aux alentours de trois heures du matin, après des mois de nuits en pointillés, on trouve le statut de parent beaucoup moins idyllique, tout à coup.

Quelle que soit la raison de ce comportement, la phase « bébé pleureur » est généralement temporaire et peut se résoudre à l'aide de quelques stratégies simples.

Stratégies pour le « bébé pleureur »

- Assurez-vous que votre enfant reçoit assez de lait.
- Veillez à ce qu'il n'ait ni trop chaud, ni trop froid.
- Transportez votre bébé dans un porte-bébé pour pouvoir le garder aussi près de vous que possible.

Le bébé sensible

Le bébé sensible se réveille au moindre bruit ou au moindre mouvement. Les bébés appartenant à ce type n'aiment pas qu'on les change ou qu'on leur donne un bain, et se mettent à hurler dès qu'on les tient sans précaution. Gare à vous si le téléphone sonne, si une lumière s'allume ou si une alarme de voiture se déclenche dans la rue !

Le bébé sensible a besoin de calme et de beaucoup de ménagement. En général, avec l'âge, il se débarrasse de cette hypersensibilité.

Stratégies pour le bébé sensible

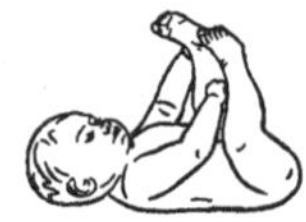

- Veillez à ne pas sursauter en cas de mouvement, de lumière ou de bruit intempestif.
- Donnez le bain à votre bébé le moins souvent possible ; préférez une toilette au gant.
- Lorsque vous le changez, faites-le par étapes, afin que votre enfant ne soit jamais totalement dénudé.
- Observez avec attention la réaction de votre enfant, lorsqu'il découvre un inconnu ou un nouveau jouet.

Le bébé « réveillé »

Comme le découvrent très rapidement les jeunes parents, on ne peut pas forcer un bébé à dormir. Mais dans ce domaine, certains bébés sont moins coopératifs que la moyenne.

Les bébés « réveillés », qui se sentent heureux quand ils ne dorment pas, expriment simplement qu'ils ne sont pas prêts à dormir et qu'ils attendent plutôt qu'on les distraie. Si cela est parfois amusant, on en sourit rarement au beau milieu de la nuit.

Les bébés réveillés qui paraissent malheureux quand ils ne dorment pas sont une autre histoire. Dans ce cas, il est impératif de considérer d'autres indicateurs, comme l'alimentation ou une fatigue excessive.

S'agissant des bébés réveillés, l'alternative est la suivante : soit on change les habitudes du bébé, soit on change ses propres habitudes. Comme il est pratiquement impossible de changer les habitudes d'un nourrisson, il est plus sage d'opter pour un changement des vôtres. Cela ne représente pas toujours un compromis insurmontable. Il suffit d'intégrer votre enfant réveillé dans votre mode de fonctionnement, au quotidien.

Stratégies pour le bébé réveillé

- Laissez-vous porter par le courant. Acceptez le fait que tous les bébés ne se ressemblent pas et que le vôtre est simplement en train d'exprimer son individualité.
- Vérifiez bien que votre enfant n'a besoin ni de nourriture, ni de sommeil.
- Intégrez votre bébé à vos activités quotidiennes. Le ménage, les courses, le jardinage et le travail sur ordinateur peuvent se pratiquer avec un enfant dans un couffin, près de vous.
- Occupez-vous aussi de votre propre sommeil. Dormez en même temps que votre enfant.

Le bébé dormeur

Vous aurez peut-être du mal à le croire, mais il existe des bébés qui dorment plus qu'il ne faudrait. Non pas qu'ils dorment trop, mais leurs habitudes de sommeil peuvent interférer avec un développement harmonieux.

Il arrive que le bébé dormeur ne passe pas assez de temps à se familiariser avec son environnement. Il a parfois du mal à prendre du poids, puisqu'il « saute » certains repas. Si tel est le cas, il faut profiter des moments où votre enfant est réveillé pour rattraper ces manques.

Mais si votre bébé se nourrit bien et qu'il est actif pendant les périodes de veille, détendez-vous et profitez du temps libre qui s'offre à vous – certaines mères donneraient un bras pour être dans votre situation.

Stratégies pour le bébé dormeur

- Veillez à stimuler particulièrement votre enfant lorsqu'il ne dort pas. ►

- Si le sommeil empêche une alimentation normale, il sera parfois nécessaire de le réveiller pour le biberon. Ne vous limitez pas à le nourrir lorsqu'il le demande.
- Profitez de ce temps libre inespéré et... n'en parlez pas aux autres mamans !

Techniques d'approche du sommeil

Comment faire dormir votre enfant sur commande, et aussi longtemps que vous le désirez ? Pour la plupart des mères, c'est la question la plus chère à leur cœur.

Si on n'y veille pas chaque jour, les problèmes de sommeil peuvent rester un handicap majeur dans l'enfance. Non seulement ils conditionnent votre propre sommeil, mais ils participent à une atmosphère tendue au sein du foyer.

Beaucoup de nouveau-nés ne font pas leurs nuits. Ils doivent être nourris toutes les quatre heures environ, parfois moins. Si vous allaitez, cela signifie en général que vous serez aux ordres 24 heures sur 24 – une perspective peu réjouissante, après les contraintes de l'accouchement. Dans ce cas-là, un conjoint coopératif est une aide considérable, mais même s'il assume une partie des biberons nocturnes, votre sommeil risque quand même d'être affecté.

Les cycles de sommeil du nourrisson

Bien que les bébés se conforment rarement à un cycle de sommeil « standard », voici cependant quelques points communs :

- Jusqu'à six semaines : le nourrisson mange puis s'endort rapidement, sans être très actif entre les deux. Si vous constatez que votre enfant est agité à certaines heures, prenez-en note et organisez vos activités en fonction de ces heures. ▶

- De six à douze semaines : le nourrisson reste en général éveillé pendant l'heure qui suit son repas. Puis il s'endort pour deux ou trois heures.
- À quatre mois : l'enfant reste éveillé plus longtemps et dort moins (rarement plus de deux heures d'affilée). À cet âge, il est conscient de ce qui l'entoure et n'aime pas qu'on change les choses de place, autour de son lit. Si vous n'avez pas encore instauré de rituel du sommeil, c'est peut-être le moment de le faire – vous en récolterez les fruits plus tard, quand votre bébé aura appris à rester éveillé de son plein gré.
- À six mois : le bébé n'a plus besoin que de deux siestes par jour – une le matin et une autre l'après-midi. Il est ou sera bientôt capable de dormir huit à dix heures d'affilée.

Quel est le meilleur endroit où faire dormir un nourrisson ?

Les raisons de le faire dormir dans la même pièce que vous sont certes nombreuses, mais cette solution présente aussi des inconvénients. Premièrement, vous passerez plus de temps debout qu'il ne le faudrait. Vous vous montrerez également très à l'écoute des bruits et des pleurs de votre bébé, peut-être trop – en allant vérifier que tout va bien, vous serez susceptible de troubler son sommeil.

Autour de quatre ou cinq mois, il est préférable de laisser votre bébé dormir ailleurs, car il devient plus conscient de ce qui l'entoure, et peut facilement être réveillé par les bruits que vous ferez pendant la nuit. Si ce changement d'habitude vous met mal à l'aise, optez pour un système de surveillance électronique de type « talkie-walkie », qui vous permettra de dormir dans une autre pièce, tout en restant en contact auditif avec votre enfant.

L'endormissement

Dans l'idéal, le bébé sait s'endormir sans l'intervention de sa mère. Plus tôt votre bébé apprendra cela, plus la vie deviendra harmonieuse pour tous.

Le bébé qui se sent en confiance (qui connaît son environnement et qui sait qu'il sera nourri quand il a faim) met moins de temps à s'endormir qu'un bébé qui n'a pas ce sentiment de sécurité. Tous vos efforts pour rassurer votre enfant et lui faire prendre conscience de sa place dans ce monde seront payants. Si vous le consolez et prenez soin de lui avec tendresse, votre bébé deviendra progressivement plus arrangeant.

La qualité la plus importante à ce stade est d'apprendre à identifier les signes de fatigue. Dans les premiers mois, la plupart des problèmes d'endormissement se résolvent en couchant le bébé au bon moment. En déterminant ce moment avec justesse, on est certain que le sommeil vient tout seul. Il existe trois signes majeurs, qui vous indiqueront que votre bébé est prêt à dormir :

- Il commence à faire des mouvements saccadés et incohérents, et serre les poings.
- Il fait des grimaces et fronce les sourcils.
- Il pleurniche.

Méfiez-vous des pleurnicheries. Vous y mettrez peut-être fin en prenant votre bébé dans vos bras ou en essayant de le distraire, mais elles reprendront très vite, et c'est alors que l'agitation s'installera. Votre enfant deviendra alors une boule d'énergie et de mauvaise humeur, et non seulement il vous faudra plus de temps pour l'endormir, mais il y a fort à parier qu'il se réveillera au bout de dix à vingt minutes, et qu'il faudra de nouveau le calmer.

Premiers pas vers le sommeil

Rappelez-vous bien que votre bébé ne peut décider de rester éveillé de son plein gré avant le huitième mois. Voici donc quelques conseils pour vous aider :

- Établissez un rituel d'endormissement : lorsque vous couchez votre enfant, faites les mêmes choses dans le même ordre, à chaque fois. Ainsi, votre enfant comprendra quand c'est le moment de dormir.
- Mettez votre enfant en confiance : être langé donne parfois un sentiment de sécurité au nourrisson ; cela lui rappelle ce qu'il éprouvait dans le ventre de sa mère (en tout cas, c'est ce que nous en déduisons) et évite qu'il agite les mains en tous sens, au risque de se réveiller. Cependant, certains bébés préfèrent avoir les mains libres, aussi fiez-vous à ses besoins.
- Tapotez votre bébé : tout en tenant fermement votre bébé contre vous, tapotez-le sur le derrière, ou frottez-lui le dos. Chantonnez ou chuchotez en même temps.
- Bercez votre enfant : en berçant un bébé, on reproduit le mouvement dans la matrice, au moment de la marche. Vous pouvez vous aider d'un berceau, d'un landau ou d'une poussette. N'hésitez pas à bercer vigoureusement, mais toujours de façon maîtrisée et régulière. Une moyenne de soixante balancements par minute semble idéale.

On dit généralement qu'il faut empêcher son enfant de s'endormir au sein ou au biberon, ou bien il ne pourra plus se calmer qu'en se sentant rassasié. Si votre bébé a tendance à s'endormir de cette façon, vous le retrouverez les yeux grands ouverts très peu de temps après l'avoir mis au lit. Mieux vaut donc coucher votre enfant longtemps après son repas.

Le contrôle de la température

Comme vous le savez d'expérience, une atmosphère trop chaude ou trop froide peut nuire à la qualité de votre sommeil. C'est aussi vrai pour votre bébé. Bien que les nourrissons soient en mesure de réguler leur température corporelle, ils ne peuvent pas se couvrir ou se découvrir d'eux-mêmes, ils ont besoin de notre intervention.

Mais comment déterminer la température idéale, comment savoir s'il faut ajouter ou retirer une couverture ?

Lorsqu'il fait froid, la solution s'impose d'elle-même, mais la chaleur est un autre problème. Même si les pieds et les mains sont frais au toucher, votre bébé peut cependant avoir trop chaud. Pour un repère plus fiable, il faut toucher la nuque ou l'aisselle, qui indiquent clairement la température, et la présence ou non de transpiration.

Redoublez d'attention si vous transportez votre enfant dans un porte-bébé. Il aura sans doute moins besoin d'être couvert.

L'endormir hors de son lit : les autres techniques

Si les premières techniques citées plus haut se révèlent inefficaces, en voici trois autres, qui nécessitent un peu plus d'efforts de votre part, mais qui restent valables.

La balançoire : c'est le premier recours de beaucoup de parents dont le bébé a tourné au mauve à force de crier, sans que les câlins aient eu le moindre effet. Un promenade en landau fait souvent des merveilles. « La balançoire » en est une variante : trouvez une petite bosse sur le trottoir et faites passer et repasser le landau dessus.

La promenade : c'était la technique de dernier ressort, dans ma propre famille. Emmenez votre enfant faire un tour en ville, en voiture. En général, le mouvement berce le bébé, qui finit par s'endormir. Si cela ne suffit pas, allumez l'autoradio. Même si une berceuse ▶

ou une symphonie ne parviennent pas à l'endormir, elles réduiront au moins ses pleurs. Bien entendu, cette technique présente un petit inconvénient : une fois votre bébé endormi – comment le sortir de la voiture et le remettre au lit sans le réveiller ? (J'ai moi-même déjà dormi dans la voiture.)
Le porte-bébé : il existe dans le commerce une grande variété de porte-bébés qui vous permettent de vous déplacer avec votre enfant, sans avoir les mains prises. Vous pouvez préparer le dîner, sortir faire les courses ou prendre un café ou bien simplement faire les cent pas dans le couloir, le tout avec votre bébé contre vous. L'alliance du mouvement de la marche et des battements de votre cœur sera une berceuse puissante, et la majorité des bébés n'y résistent pas. Le porte-bébé présente un double avantage : on peut s'offrir une petite promenade dynamique pendant que bébé somnole.

La tétine

Sur le sujet de la tétine, deux écoles s'opposent : certaines mères ne la supportent pas, d'autres ne jurent que par elle. C'est à vous et à votre bébé de décider.

S'il est incontestable qu'elle soulage agréablement la plupart des nourrissons, la tétine ne trompera souvent pas un bébé nourri au sein. Quoi qu'il en soit, il y a des précautions élémentaires à prendre :

- Si vous allaitez, la tétine peut nuire à la technique de tétée de votre enfant. Il est alors conseillé d'attendre que le nouveau-né soit capable de s'accrocher au téton de lui-même.
- Certains enfants deviennent dépendants de la tétine pour s'endormir. Dès lors, s'ils la perdent pendant la nuit, ils crieront jusqu'à ce que toute la maisonnée soit bien réveillée.
- L'accoutumance à la tétine peut empêcher votre enfant d'apprendre à se distraire ou à se calmer de lui-même, s'il n'a pas quelque chose dans la bouche.

- Les tétines mal conçues peuvent entraîner des problèmes d'orthodontie, plus tard dans l'enfance. Veillez à choisir un modèle élaboré sous le contrôle de pédiatres.

Le bain

La plupart des bébés se calment au contact de l'eau chaude sur leur peau. Voilà pourquoi le bain et le coucher sont indissociables. Pour renforcer le lien entre les deux, intégrez le bain au rituel du coucher. Il deviendra alors un moment de détente, tant pour votre enfant que pour vous-même.

Tout d'abord, faites couler le bain. Il est plus facile d'utiliser une petite baignoire spéciale, dans laquelle votre bébé sera plus à l'aise et en sécurité.

L'eau devra être tiède – faites un essai sur l'intérieur de votre bras, où la peau est sensible. Placez une éponge dans la baignoire et une serviette tiède à proximité.

Pour vous assurer que le bain devienne une expérience apaisante, faites en sorte de détendre votre enfant *avant* de le mettre dans l'eau. Essayer de donner le bain à un bébé qui gémit et se débat est tout sauf productif.

Tenez votre bébé en soutenant la tête avec le bras ou le poignet, et attrapez le bras avec votre main, par en dessous. Ainsi, votre bébé pourra vous regarder pour se rassurer, mais aussi battre vigoureusement des jambes s'il en a envie, sans trop glisser.

Lorsque le bain est fini, enveloppez votre enfant aussi rapidement et aussi chaudement que possible dans une serviette.

Le massage

Masser son bébé est une autre technique apaisante à ajouter à votre rituel quotidien. Les études montrent que les bébés que l'on masse régulièrement prennent du poids plus vite et dorment plus profondément que les autres. Il est avéré que le massage aide à limiter la sécrétion des hormones du stress qui affectent tout être humain, même très jeune.

Si masser un bébé n'est pas en soi très reposant, cela suscite un sentiment de calme et de tendresse partagés. Le but est d'amener votre enfant à un état d'esprit serein, pas à le forcer à dormir.

La bonne technique est à la fois très simple et très intuitive.

Le massage du bébé

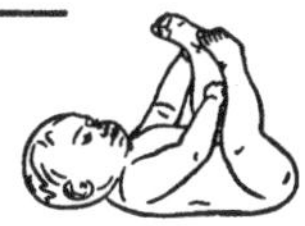

- Pour commencer, choisissez une pièce confortable et bien chauffée. Baissez la lumière et mettez un peu de musique relaxante.
- Réchauffez-vous les mains.
- Versez un peu d'huile pour bébé sur la zone à masser (veillez à la réchauffer d'abord, juste au-dessus de la température ambiante).
- Commencez par poser la paume de vos mains sur le corps de votre bébé, jusqu'à ce que vous sentiez un réchauffement. Attendez encore trente secondes.
- À présent, du bout des doigts, massez doucement, avec des mouvements réguliers. Calquez-vous sur les réactions de votre enfant : s'il vous paraît tendu ou s'il pleure, variez les mouvements. Il est parfois utile de remonter les jambes des bébés les plus petits contre leur ventre, pour une position plus confortable.
- Concentrez-vous sur les jambes, les hanches, les pieds, le derrière et le dos de votre enfant. Certains bébés aiment qu'on leur masse le ventre. Si c'est le cas du vôtre, essayez aussi le cou et les épaules.
- Lorsque vous aurez fini et que votre bébé sera détendu, restez auprès de lui pendant quelques minutes, et savourez avec lui ces instants de chaleur et de relaxation.

Bien entendu, toutes les techniques d'endormissement ne fonctionnent pas pour tous les bébés. Il importe de respecter l'individualité de votre enfant. Essayez différentes techniques, mais gardez patience, ne passez pas constamment de l'une à l'autre. Par exemple, si vous choisissez la balançoire ou les tapotements, attendez cinq bonnes minutes pour en observer les effets.

Parfois, l'endormissement demande plus d'efforts. Et vous constaterez bientôt que votre bébé n'a pas les mêmes impératifs de temps que vous.

Quoi que vous décidiez de faire pour calmer votre bébé, l'ingrédient le plus important est votre propre état d'esprit. Les enfants sont de véritables éponges, ils absorbent instantanément toutes nos tensions.

Votre bébé se montrera beaucoup plus réceptif à vos efforts pour l'apaiser, si vous êtes paisible et ferme vous-même – ou plutôt, et c'est là l'essentiel, si vous avez une *approche* calme. En adoptant une approche calme (voir le Chapitre 2), il vous sera possible de persuader n'importe qui, y compris vous-même, que vous êtes réellement calme.

Les pleurs

La règle veut qu'un nouveau-né pleure en moyenne 2 heures sur 24. Aussi, même en admettant que votre bébé ait sa personnalité propre et ne réponde pas forcément à la norme, attendez-vous à un peu de bruit, dans la journée.

Les pleurs sont le mode de communication de votre enfant. Ils sont certes instinctifs, mais ils demeurent une forme de communication, indiquant souvent que votre bébé a un problème, ou bien qu'un de ses besoins n'est pas comblé. Parfois, c'est tout simplement le moyen d'exprimer une tension. À mesure que votre enfant grandira, vous l'entendrez probablement « s'entraîner » tout seul, essayant différents sons et inflexions.

Pourquoi mon bébé pleure-t-il ?

Si ce n'est déjà fait, vous apprendrez vite à distinguer les divers types de pleurs. Ils surviennent en général pour l'une des raisons suivantes :

- La faim.
- Un rot coincé.
- La chaleur ou le froid.
- Une couche sale.
- La suractivité, comme quand votre enfant veut dormir mais qu'on le garde éveillé.
- La sous-activité, quand votre enfant s'ennuie ou se sent négligé.
- La douleur physique.
- Un son ou une lumière violente, ou le fait d'être changé.
- Une mauvaise organisation du temps, trop d'attente avant un biberon, une tétée trop rapide ou trop lente, un coucher mal minuté.
- La solitude ou le manque de contact.

Si vous craignez que les pleurs de votre bébé soient un signe de maladie, n'hésitez pas à consulter un médecin.

Au cours des six premières semaines, cependant, les bébés pleurent même lorsque tout a l'air d'aller bien.

Comment calmer un enfant qui pleure

- Essayez tout d'abord d'identifier la cause. Passez mentalement en revue toutes les raisons possibles, puis agissez en conséquence. Ne laissez pas votre enfant pleurer trop longtemps, car cela risque d'aggraver les choses.
- Prenez votre bébé dans vos bras et bercez-le. Le contact humain, notamment lorsque les peaux se touchent, a un effet calmant immédiat. ►

- Nourrissez votre enfant (voir les questions d'alimentation, p. 100).
- Gardez toujours un contact visuel. Assurez-vous que votre bébé vous voie calme et heureuse.
- Soyez attentive aux signes de fatigue, et mettez votre bébé au lit s'il a tendance à somnoler.
- Changez votre bébé. Cela suffit parfois à le soulager.
- Essayez le massage (voir p. 94) ou les caresses (voir p. 120).
- Emmenez votre enfant avec vous, dans un porte-bébé.
- Lorsque vous déshabillez votre bébé, essayez de ne pas découvrir le torse et le ventre.
- Si vous pensez que votre enfant s'ennuie, changez-le de position ou donnez-lui un nouveau jouet.
- La tétine peut parfois calmer ; le cas échéant, votre doigt replié et propre fera l'affaire.
- Ayez recours aux techniques d'endormissement telles que la balançoire, la promenade ou les tapotements.

Combien de temps dois-je laisser mon bébé pleurer ?

Cela dépend de deux facteurs : l'intensité des pleurs et votre seuil de tolérance.

La règle numéro un est la suivante : plus les pleurs sont intenses, plus vite il faut réagir.

Par exemple, si votre bébé pleurniche de façon intermittente, mieux vaut le laisser faire. Il finira probablement par s'endormir, auquel cas le prendre dans les bras serait perturbant pour lui. Cependant, un cri urgent et à gorge déployée doit être traité immédiatement – ne serait-ce que pour éviter que cela dégénère.

Mais qu'en est-il de votre seuil de tolérance ?

Les pleurs d'un nouveau-né peuvent être très irritants. C'est la Nature qui l'a voulu ainsi. Avec le temps, vous apprendrez à reconnaître les différents types de pleurs, ce qui vous déculpabilisera de laisser durer quelquefois les petites pleurnicheries.

Parfois, un bébé pleure uniquement pour se défouler. Ce peut être le fait d'être langé et couché qui fait pleurer votre enfant, mais si vous avez bien calculé l'heure du coucher, les pleurs iront en diminuant et il s'endormira. De même, il arrive qu'un bébé pleure juste avant de prendre le sein, le refusant même quelques instants, en signe de frustration. Mais, si vous prenez votre temps, cela passera.

Vous connaîtrez des moments d'impuissance, assimilant les pleurs de votre bébé à une défaillance de votre part. Une fois que vous aurez accepté qu'il n'existe pas deux enfants semblables et qu'il est parfaitement naturel pour un enfant de pleurer et de ronchonner de temps en temps, vous vous sentirez plus à l'aise. Frustrée, certes, mais pas en échec.

En dernier recours

Si toutes les tentatives de consolation ont échoué, et que vous sentez vos nerfs sur le point de lâcher, il est peut-être temps de vous isoler un instant. Cela vous permettra de restaurer votre équilibre, voire de trouver la solution.

- Mettez votre bébé au lit, ou dans tout autre lieu sûr, et rendez-vous dans une pièce où vous n'entendrez plus ses pleurs.
- Mettez en application la technique du calme par la respiration (p. 66). Persévérez pendant au moins cinq minutes.

N'oubliez pas que vous ne pourrez pas forcer un bébé à s'arrêter de pleurer. Vous ne pouvez que l'apaiser, puis maîtriser votre propre réaction à ses pleurs.

Les questions d'alimentation

Les questions liées à l'alimentation sont au cœur de bien des crises de larmes. Si votre bébé a faim, le biberon est la solution évidente au problème. Mais si même cela ne fonctionne pas, envisagez les cas de figure suivants :

- Si vous allaitez, vous savez qu'on n'est jamais trop détendue pour cette aventure. Prenez donc le temps de vous y préparer. Gardez un verre d'eau ou de lait à portée de main, ainsi que la télécommande de la télévision, si vous le désirez. Piochez dans les techniques de relaxation de ce livre, notamment parmi celles liées à la relaxation profonde (p. 64).
- Surveillez votre propre régime. Les aliments tels que le chou, les brocolis, de même que les excitants et les épices peuvent jouer le rôle de stimulants chez un bébé nourri au sein.
- Si vous utilisez du lait en poudre, vérifiez de quel type de lait il s'agit. Il suffit parfois de changer de marque pour obtenir de bien meilleurs résultats (parlez-en avec votre pédiatre).
- Variez la taille ou le type de tétine utilisée – le flux de lait est peut-être trop ou pas assez important.
- Votre enfant n'est pas en mesure de roter de lui-même. Aussi, il convient de l'interrompre plusieurs fois par repas. La plupart des bébés réagissent aux frottements ou aux petites tapes dans le dos. D'autres préfèrent qu'on les allonge et qu'on leur bouge doucement les jambes. Il suffit parfois de promener votre enfant dans son porte-bébé.

Les coliques

Lorsque les pleurs se répètent de façon inexpliquée chez un nourrisson de moins de trois mois, bien nourri et en bonne santé, on parle en général de coliques. Bien que certains experts démentent formellement qu'il s'agisse bien de coliques, il n'en demeure pas moins que leurs symptômes mettent sérieusement à l'épreuve le calme et la confiance de n'importe quel adulte. Ces symptômes sont souvent les suivants :

- Les pleurs le soir, après le biberon.
- Un bébé qui a visiblement mal et pousse des cris perçants.
- Il remonte les jambes sur le ventre, essayant de soulager une douleur abdominale.
- Ses pleurs se prolongent.

On compte autant de théories sur le traitement que sur les causes des coliques. Vous pouvez essayer de coucher votre enfant sur vos genoux, sur le ventre, et de lui frotter vigoureusement le dos.

Il existe aussi une façon spécifique de le tenir. Tandis que vous marchez avec votre bébé, allongez-le contre votre bras, comme s'il regardait le sol, en gardant sa tête près du creux de votre coude. Cette position convient à tous les bébés, qu'ils souffrent ou non de coliques, et elle présente l'avantage de moins vous fatiguer.

De préférence, n'affrontez pas les crises de colique toute seule, car elles sont très éprouvantes pour les nerfs. Si possible, arrangez-vous pour que votre conjoint ou un groupe d'amis particulièrement compréhensifs vous entourent. Si les pleurs deviennent insupportables, référez-vous aux mesures de dernier recours (p. 99). N'hésitez pas non plus à en parler à des professionnels de l'enfance, si vous cherchez d'autres formes d'intervention.

La bonne nouvelle, c'est que les coliques passent en général avant qu'on ait trouvé le meilleur moyen de s'en débarrasser. Avant trois mois, les pleurs de votre bébé seront redevenus supportables.

Rechargez les batteries

Pour beaucoup de femmes, les mois qui suivent la naissance sont épuisants. L'effort gigantesque, tant physique que moral, que demande l'accouchement est suivi d'une phase durant laquelle la mère doit se régénérer, tout en subvenant aux besoins continus de son enfant.

Bien que cette tâche soit largement récompensée d'un point de vue émotionnel, la jeune maman a souvent l'impression de ne plus exister en tant qu'individu. C'est là une réaction tout à fait naturelle ; toutes les mères passent par là, tôt ou tard.

Mais ce n'est qu'une phase, elle passera. Le tout est de faire en sorte qu'elle passe vite et bien, et pour cela, il faut prendre le temps de se détendre, de récupérer et de recharger ses batteries.

L'épuisement physique

Un sommeil morcelé n'entraîne pas que de la fatigue. La tension qui en résulte vous laisse désorientée, distraite et incapable d'accomplir quoi que ce soit, hormis les tâches les plus simples ; on est aussi sujette aux crises de larmes et aux sautes d'humeur. Cela vous rappelle quelque chose ? En outre, en plus du désordre psychologique, le manque de sommeil affecte le bien-être physique. Dans les cas les plus sévères, il peut même entraîner un effondrement total.

Pour comprendre pourquoi le manque de sommeil a de telles répercussions, il faut se pencher sur la nature même du sommeil.

- En règle générale, une nuit de sommeil se compose de quatre ou cinq cycles de quatre-vingt-dix à cent vingt minutes chacun. Au cours de ces cycles alternent des phases d'éveil, de sommeil léger et de sommeil plus profond. À l'intérieur de *chaque* cycle, vous passez par un état de sommeil léger, de sommeil paradoxal et de sommeil profond.

- Lors du sommeil profond, le cerveau produit des ondes lentes, qui indiquent que l'activité cérébrale est réduite. Le rythme cardiaque, la tension et la fréquence respiratoire sont au plus bas.
- Pendant le sommeil paradoxal, le cerveau est plus actif. La tension remonte, les pulsations cardiaques et la respiration s'accélèrent, ce qui indique que l'on rêve. On passe aussi en revue les souvenirs et les problèmes de la journée. Les phases de sommeil paradoxal durent en général trente minutes et vont en augmentant, au cours de la nuit.
- De plus, le schéma global de sommeil – le moment de l'endormissement et du réveil – se déroule selon un rythme biologique particulier, activé chaque jour par la lumière du soleil.

Si un ou plusieurs de ces facteurs sont perturbés, les vertus régénératrices du sommeil sont sérieusement entamées. Vous vous sentirez fatiguée, agitée, irritable et incapable de réfléchir clairement ou de faire face aux aléas d'une journée normale. Si vous allaitez, vous aurez peut-être du mal à fournir suffisamment de lait.

Réussir à ce que son enfant fasse ses nuits est une véritable quête du Graal, pour la plupart des parents. Mais le miracle finit par se produire – avec le temps. En attendant ce jour béni, veillez à développer votre sens du calme et de l'équilibre, dans votre vie à vous.

- Reportez-vous aux Techniques du calme du chapitre 2.
- Ne vous forcez pas à accomplir toutes les tâches ménagères, tous les jours.
- Apprenez à dormir en même temps que votre enfant.

Enfin, si vous ressentez un manque d'énergie et de volonté persistant, utilisez la technique du « petit somme spécial mamans ».

Petit somme spécial mamans

Le petit somme spécial mamans est un sommeil court et intense, qui améliorera votre réactivité et votre état général. Ne dépassez pas dix à trente minutes (un sommeil plus long produira un effet connu sous le nom d'inertie du sommeil). Avec un peu de pratique et de confiance, vous constaterez que vous n'avez aucun mal à vous endormir.

- Asseyez-vous ou allongez-vous confortablement.
- Détendez-vous profondément.
- Conditionnez-vous pour vous réveiller à une heure donnée (au besoin, réglez le réveil).
- Videz-vous complètement la tête.
- Laissez le sommeil vous envelopper.
- Au réveil, revenez en position assise et détendez-vous quelques instants, puis retournez à vos activités, reposée et relaxée.

Répétez ce scénario aussi souvent que nécessaire.

Trouvez du temps pour vous

On trouve toujours des raisons pour renoncer aux quelques minutes quotidiennes du Moment perso (p. 29). Mais le temps que vous vous consacrerez à vous-même est essentiel à votre équilibre ainsi qu'au bien-être de votre enfant.

Alors, comment trouver ce temps ?

Le secret est incroyablement simple. Au lieu d'attendre le moment idéal, ou de chercher un « trou » dans l'emploi du temps de votre bébé, prenez-le. Dites-vous la phrase suivante : *Entre 9 heures et 9 h 30 (ou toute autre heure, à votre convenance), c'est l'heure du Moment Perso. Il m'est réservé, quoi qu'il arrive.*

Les premiers mois, alors que les plages de sommeil de votre bébé seront fréquentes, vous pourrez faire varier l'horaire du Moment Perso, pour profiter de cette flexibilité. Mais cette solution ne sera que temporaire, et lorsque le sommeil de votre bébé se sera régulé, vous aurez intérêt à établir un horaire fixe.

Prendre la décision de bloquer ces quelques minutes n'est pas difficile. S'y tenir est plus hasardeux – du moins, les premières semaines. Mais au bout de deux ou trois fois, vous commencerez à récolter les bénéfices de cette mesure très simple. Vous découvrirez que ces trente minutes de Moment Perso seront souvent plus réparatrices que trente minutes de sommeil supplémentaire (en supposant que vous soyez passée par une phase de manque de sommeil).

Être calme ne signifie pas tout contrôler

L'un des plus grands chocs lorsqu'on devient parent – notamment pour ceux qui ont l'habitude d'une vie bien organisée – c'est de découvrir qui est le chef, maintenant.

Vouloir maintenir l'ordre dans sa vie est un réflexe tout à fait humain. Il est tout aussi humain de se sentir frustré lorsque les événements ne s'organisent pas comme on l'avait prévu.

Néanmoins, comme vous le diront tous les scientifiques, l'ordre naturel de la vie, c'est le chaos. Plus tôt vous accepterez cela, plus vite vous serez sur la voie de la sérénité. C'est votre bébé qui contrôle votre emploi du temps, pour quelques temps en tout cas. Détendez-vous et acceptez cette réalité : votre organisation ne dépend plus de vous.

Si je ne devais vous donner qu'un seul conseil pour rester calme pendant cette période, ce serait le suivant :

concentrez-vous sur une seule chose à la fois. Contrairement à ce que croient certaines personnes, l'homme n'est pas multitâche, il a du mal à faire plusieurs choses en même temps. Alors contentez-vous d'une seule et ne passez à la suivante qu'une fois la première achevée. Ne pensez pas aux corvées qui s'accumulent, ne pensez qu'à « maintenant ». Vous serez ainsi détendue, sans vous inquiéter de ce qui reste à faire.

Alimentation et exercice

Dans les dernières semaines de grossesse, vous deviez vous sentir impatiente de retrouver votre corps « d'avant ». Ensuite, après l'accouchement, vous découvrez que ce retour à la normale n'est pas aussi rapide que vous l'aviez souhaité.

Vous commencez à vous demander comment votre ventre va réussir à reprendre sa forme initiale. Si vous ajoutez à cela toute une série de désagréments physiques – points de suture, douleur, vergetures, varices, hémorroïdes, perte de cheveux –, vous vous sentirez peut-être forcée d'adopter un régime alimentaire rigoureux et de vous mettre au sport immédiatement.

Si vous vous soumettez à un exercice trop violent, surtout dans les deux premiers mois, vous risquez de mettre à rude épreuve les muscles et les ligaments que les hormones ont fait se relâcher, en vue de l'accouchement.

De plus, ce n'est pas le moment de se lancer dans un régime strict. Vous devez préserver votre énergie, et votre alimentation a des répercussions sur la santé de votre bébé. Si vous allaitez, il vous faudra augmenter votre apport énergétique quotidien d'environ cinq cents kilocalories, par rapport à vos besoins d'avant la grossesse. Vous devrez aussi augmenter les quantités de calcium et de liquide : deux litres d'eau par jour sont un minimum.

Redonner à son corps sa gloire passée prend du temps. La meilleure approche consiste à envisager l'activité physique comme une discipline de détente et d'apaisement, dans les premiers mois. Par exemple, si la marche vous revigore, vous aide à vous déconnecter du quotidien et à positiver, alors marchez. Une simple promenade avec votre bébé suffira largement, durant les premières semaines.

Alors, pour l'instant, détendez-vous et envisagez les questions de sport et d'alimentation avec souplesse. Et si vous ressentez le besoin d'améliorer votre image concernant l'accouchement et le manque de sommeil, piochez parmi vos activités favorites de la Pause chouchoutage (p. 30).

Les changements hormonaux

S'il y a bien une période de la vie où l'on peut mettre sur le compte des hormones sautes d'humeur et comportements changeants, c'est bien celle-ci. Les hormones sont responsables des variations d'humeur pendant et après la grossesse.

Juste après l'accouchement, vos taux d'œstrogènes et de progestérone chutent de façon dramatique. Cela conduit parfois à des accès de dépression. En effet, le *baby blues* frappe bon nombre de femmes, peu après l'accouchement. Aussi, si vous vous sentez fragilisée, irritable, voire triste à cette période, sachez que ce n'est pas votre faute. C'est celle des hormones.

La dépression postnatale (DPN), ou dépression *post-partum*, est une forme plus prononcée de *baby blues*. Les symptômes vont de l'irritabilité aux idées suicidaires. Il n'est pas rare de passer par un ou plusieurs des états décrits ci-dessous, et si c'est votre cas, il n'y a pas forcément là de quoi s'alarmer. Néanmoins, surveillez le nombre, l'intensité et la durée de ces symptômes ; et si vous vous en inquiétez, consultez un médecin.

Les indicateurs de dépression postnatale
• Angoisse profonde ou état dépressif. • Peur inexpliquée. • Perte de compétence. • Estime de soi dégradée. • Incapacité à accomplir les tâches domestiques. • Incapacité à réfléchir ou à trouver ses mots. • Épuisement physique. • Troubles de l'appétit. • Perte de goût pour la vie sexuelle. • Peur d'être seule, ou de se retrouver en société. • Pensées suicidaires. • Irritabilité. • Apathie. • Pensées ou comportements obsessionnels. • Peurs exagérées concernant la santé et la sécurité du bébé, du conjoint ou de soi-même.

Vous noterez que bon nombre de ces symptômes sont liés à un état que vous connaissez vous-même : celui du manque de sommeil.

Une étude menée auprès de femmes souffrant de DPN a montré une amélioration notoire lorsque leur sommeil et celui de leur bébé se sont régulés.

Du nourrisson au petit enfant : de six à dix-huit mois

La période qui va de six à dix-huit mois se caractérise par un développement flagrant de la compréhension et de la réceptivité du bébé. Pour les jeunes parents, ce moment où l'enfant commence à explorer et à reconnaître son environnement est une période très excitante.

Âge	Évolution physique	Évolution mentale	Compréhension	Comportement
6-12 mois	La vue est presque aussi développée que chez l'adulte. Mobilité accrue (il rampe, glisse...). Il essaie de se tenir debout. Il utilise beaucoup ses doigts, et avec agilité.	Il a des souvenirs limités de ses expériences. Il reconnaît les sons de sa langue maternelle, mais pas les autres. Il sait se reconnaître en photo ou dans le miroir.	Il comprend les instructions simples du type : « Ne touche pas. » Il reconnaît des mots courants. Il se rappelle les événements marquants. Il essaie de trier et de classer les choses.	Il dit quelques mots. Il montre des préférences pour certaines saveurs ou textures. Il veut être indépendant et peut rejeter le sein. Il se sent parfois mal à l'aise avec des inconnus. Il exige toute votre attention.
12-18 mois	Il marche et escalade. Il prend du poids plus doucement, la silhouette change. l dents apparaissent. Il change de rythme de sommeil pendant la journée (une sieste par jour).	Il sait relier un mot à une image. Il se rappelle des séries d'événements simples. Il sait retrouver des objets cachés.	Son vocabulaire comprend un certain nombre de mots et d'expressions simples. qu'il aime et Il commence à résoudre des problèmes simples. Il comprend la portée symbolique (jouer à faire semblant...).	Il veut marquer son indépendance (« Non ! »). Il exprime ce n'aime pas. Il imite les actions des adultes. Il fait des crises de colère. Il est fier d'avoir accompli une action avec succès

Cette période est aussi synonyme de pressions multiples, notamment du fait de la curiosité, de la mobilité, de la dépendance et des efforts de communication de votre enfant.

Curiosité et mobilité

Vous remarquerez que votre enfant devient de plus en plus curieux des objets et de sa relation à eux : il les saisit, les touche de la main et de la bouche puis, plus tard, il les empile ou les aligne.

Vers l'âge de dix mois environ, votre enfant est en mesure d'utiliser ses facultés motrices avec efficacité : il sait secouer un hochet pour en tirer un son, déplacer un obstacle placé dans son chemin ou vérifier la relation de cause à effet, en lâchant puis en ramassant des objets.

À mesure que ses facultés motrices se développent, votre enfant élargit son champ d'exploration. Le fait de pouvoir ramper puis se redresser ouvre des perspectives fascinantes et offre un nouveau point de vue sur le monde. Votre enfant essaiera probablement d'escalader les meubles ou de traîner des objets et les escaliers, les placards et autres coffres seront pour lui des tentations quotidiennes.

Cette nouvelle mobilité, doublée d'une irrésistible envie de repousser les limites, font souvent des bébés de cet âge de véritables dangers ambulants. Ils peuvent désormais s'attaquer à des objets posés en équilibre précaire ou mettre leurs doigts curieux dans des recoins dangereux, comme les prises électriques. Votre enfant n'ayant aucune notion du danger, il est peut-être temps de sécuriser votre foyer – à moins que vous ne préfériez suivre votre progéniture à la trace !

Cette curiosité suscite aussi une frustration. Autour du quinzième mois, des colères font en général leur apparition, notamment si vous empêchez votre enfant d'explorer un lieu ou s'il n'arrive pas à se servir d'un nouvel objet. Ces colères annoncent les véritables crises que l'on retrouve parfois chez l'enfant de deux ans, lorsqu'il est confronté à des problèmes d'indépendance et d'individualisation.

La dépendance

Autour de sept mois, votre enfant développera par rapport à vous une nouvelle forme d'attachement.

Vous verrez peut-être apparaître des signes de « peur de l'inconnu », votre bébé se collera à vous et protestera si quelqu'un qu'il ne connaît pas – ou si quiconque excepté sa mère – le prend dans ses bras. Ce qui signifie qu'il n'appréciera plus de passer de l'un à l'autre et qu'il commencera à montrer une préférence marquée pour certaines personnes.

Dans le même temps, votre enfant est en quête de stimulation – son cerveau est programmé pour cela. Il commence à la chercher de lui-même, parfois sans succès. Aussi attend-il de vous que vous lui présentiez constamment de nouveaux objets, de nouveaux lieux et de nouveaux défis.

C'est là plus qu'un désir passif. Votre enfant peut à présent vous suivre ! Pour vous et lui, la vie vient de prendre un nouveau tournant.

En même temps qu'une peur de l'inconnu, votre enfant manifestera peut-être une angoisse de la séparation. Il suivra vos moindres faits et gestes, demandera votre attention en permanence. Il suffira qu'une porte vous sépare pour qu'une crise de larmes survienne.

Comme la peur de l'inconnu, l'angoisse de la séparation persiste parfois au cours de la deuxième année, avec un pic autour de dix-huit mois. Vous constaterez que moins votre enfant recevra d'attention, plus il aura tendance à se fâcher. Vous préférerez peut-être ne pas en tenir compte ; cependant, en règle générale, plus vous lui manifesterez d'attention, plus vite il retrouvera sa bonne humeur.

La communication

Maintenant que votre enfant comprend en partie ce que vous lui exprimez, vous attendrez tout naturellement de lui qu'il se rappelle certains comportements ou certaines règles.

Cependant, chez les très jeunes enfants, la mémoire n'est liée qu'à leurs facultés motrices ; la mémoire symbolique ne se développe que plus tard. Ainsi, votre enfant ne sera pas capable d'appréhender des concepts, comme le fait que tomber fasse mal ou qu'un radiateur soit chaud, tant qu'il ne les aura pas abordés à travers l'expérience et la répétition.

Mettre un enfant en garde par les paroles sera de peu d'effet. Par exemple, il pourra très bien savoir qu'il lui est interdit de toucher tel vase, posé sur la table. Il pourra même répéter « non, non » tout en s'approchant, puisqu'il vous l'aura entendu dire. Mais cela n'a pas de sens pour lui. Ce n'est pas qu'il refuse votre instruction ; l'objet est tout simplement irrésistible pour lui.

Vous aurez plus de succès – et de tranquillité d'esprit – si, plutôt que d'attendre de votre enfant qu'il se rappelle qu'il existe un danger, vous écartez simplement ce danger et cette tentation de son chemin.

Apprentissage du sommeil

À ce stade de son développement, vous essaierez d'apprendre à votre bébé à s'endormir de lui-même et à faire ses nuits ; ou bien, s'il se réveille au cours de la nuit, à se rendormir tout seul.

Les techniques d'endormissement énoncées plus haut dans ce chapitre ne seront peut-être plus appropriées, car votre enfant bouge mieux, il sait à présent se redresser et, à partir de neuf mois, peut se forcer à rester éveillé. Ce qui signifie que votre enfant a désormais les moyens d'influencer le déroulement du coucher. S'il est excité, ou qu'il associe le coucher à de l'agitation ou à de l'ennui, ou s'il décide qu'il veut un biberon à 3 heures du matin, il a le pouvoir d'empêcher toute la maison de fermer l'œil.

Dès l'âge de six mois, votre bébé peut physiquement dormir dix heures par nuit. Il fait en général deux siestes par jour, la plus longue étant celle du matin. Dans l'idéal, il dort à présent dans une chambre séparée, ce qui évite que les bruits des parents – comme la toux ou une visite aux toilettes – ne le réveillent.

Puis, vers douze mois, il aura tendance à bouder la sieste de l'après-midi, au profit d'un sommeil plus prolongé le matin. La bonne nouvelle, c'est qu'il sera désormais capable de faire ses nuits et de dormir d'une seule traite, pendant au moins dix heures. Des phases d'agitation pourront intervenir, ce qui est naturel au moment où un enfant commence à marcher.

Au nom de l'harmonie de votre foyer et de votre propre sommeil, il convient d'introduire de l'ordre dans les habitudes de votre enfant et ce, le plus tôt possible.

Le coucher dans le calme

- Lorsque vous mettez votre enfant au lit, suivez toujours le même protocole d'apaisement, dans le même ordre, sans faute.
- Parlez à voix basse.
- Évitez les activités ou jeux stimulants juste avant le coucher. Retirez du lit les jouets susceptibles de distraire bébé. ▶

- Éteignez la lumière dans sa chambre, quitte à lui laisser une veilleuse.
- Si vous avez pour habitude de bercer ou de câliner votre enfant pour l'endormir, veillez à le mettre au lit *avant* qu'il ne s'endorme. Le rituel du coucher sera plus efficace par la suite, si votre enfant se réveille au même endroit que là où il s'est endormi.

La liberté de pleurer

Pour beaucoup de parents, c'est au moment du coucher que les pleurs de bébé paraissent les plus dérangeants (pas autant qu'à 3 heures du matin, cependant). Il arrive souvent qu'alors le bébé se mette à pleurer très fort, que ses parents le sortent de son lit pour le calmer, le recouchent et répètent l'opération, encore et encore. Au bout de plusieurs heures de ce manège, votre enfant finira probablement par tomber de sommeil. Malheureusement, ce sera aussi votre cas.

Si votre bébé a plus de sept ou huit mois, il existe une méthode, souvent utilisée pour réguler le schéma de sommeil. On l'appelle la « méthode de contrôle des pleurs » ou le « laissez pleurer », ce qui a de quoi faire peur. Pour ma part, je préfère l'expression « liberté de pleurer ».

Si vous avez la certitude que les pleurs de votre enfant ne sont pas le signe d'une maladie ou d'un besoin particulier, alors cette technique peut se révéler profitable. Elle n'aura d'effet que si votre enfant est assez grand pour que vous le laissiez seul quelques instants au cours de la journée, sans qu'il en soit perturbé. Si votre enfant n'a pas atteint ce stade, il est trop tôt pour tenter l'expérience.

Ici, la clé de la réussite, c'est l'implication et la constance des parents. Soyez prévenus que les pleurs vont commencer par empirer, avant de s'apaiser. Mais si les parents tiennent bon, la plupart des enfants en tirent un réel bénéfice, et leurs habitudes de sommeil s'améliorent sensiblement dans la semaine qui suit. Mais cette méthode peut aussi sembler éprouvante, et il est déconseillé de la mettre en application si vous vous sentez vous-même tendue ou fragilisée.

La liberté de pleurer implique de laisser progressivement votre bébé pleurer par intervalles de plus en plus longs, avant de pénétrer dans sa chambre. Et lorsque vous pénétrez dans sa chambre, d'y rester par intervalles de plus en plus courts. Grâce à cette méthode, votre enfant sait que vous ne l'abandonnez pas, mais il reçoit aussi clairement le message : vous n'allez pas le sortir de son lit.

Il ne s'agit pas en soi d'une technique du calme – d'ailleurs, certains parents la trouvent même démoralisante –, mais vous verrez qu'à l'usage, elle favorise l'installation du calme dans une maison.

La liberté de pleurer

- Mettez votre enfant au lit lorsqu'il montre des signes de fatigue, mais avant qu'il s'endorme. Parlez d'une voix douce, caressez-le, puis quittez la pièce.
- Si votre bébé pleure, revenez au bout de trois minutes. Penchez-vous au-dessus de son lit, parlez-lui doucement en lui caressant la tête. Mais surtout, évitez de le regarder dans les yeux. Continuez de le rassurer jusqu'à ce que les pleurs diminuent d'intensité, puis sortez à nouveau.
- Au bout de trois minutes, renouvelez l'opération. Cette fois, parlez-lui, mais sans le caresser.
- Revenez cinq minutes plus tard. Restez encore moins longtemps que la fois précédente. Depuis la porte, dites quelques mots, afin que votre enfant sente votre présence. ▶

- Cette fois, attendez sept minutes avant de revenir. Restez moins longtemps.
- Renouvelez toutes les dix minutes, jusqu'à ce que votre bébé s'endorme.

Modulez les temps ci-dessus à votre convenance. Mais quoi que vous fassiez, restez cohérente.

NB : N'utilisez pas cette méthode si votre enfant a moins de sept mois, ou s'il n'a pas atteint le stade où vous pouvez le laisser seul un moment sans qu'il en soit affecté. Vous devez aussi vous assurer que ses pleurs n'indiquent pas un problème réel. Si vous avez le moindre doute, consultez votre pédiatre.

Sachant que la liberté de pleurer peut être exténuante, il importe que les deux parents s'impliquent et mènent ensemble le projet à bien. Si vous interrompez le programme, le message que recevra votre bébé sera confus, et tous ces pleurs et toute cette tension auront été en vain. Si vous mettez cette méthode en application, compensez le mini-drame du soir en passant plus de temps à câliner votre enfant et à jouer avec lui pendant la journée.

Les séparations dans le calme

Pour de nombreuses mères, il existe une période particulière, pendant laquelle l'enfant devient un problème à résoudre : lorsqu'elles reprennent le travail, ou décident de s'occuper un peu d'elles.

La nouvelle quête d'indépendance de votre enfant s'organise désormais autour de deux axes : de nouveaux horizons et vous. Bébé se régale de sa mobilité toute neuve mais, dans le même temps, il fait une découverte effrayante, vous concernant : il comprend que vous pouvez partir, et le laisser. Il a beau posséder de nombreuses aptitudes, il est toujours incapable de se débrouiller sans vous et il se languira de votre retour.

C'est là l'origine de l'angoisse de la séparation, le résultat étant que votre enfant va se mettre à vous suivre partout. Ce qui entre en conflit avec *votre* indépendance et votre éventuel besoin d'intimité.

Comme vous ne pourrez pas gagner cette bataille à court terme, autant vous réjouir de cette idée, qu'il existe quelqu'un qui ne supporte pas d'être séparé de vous. Profitez-en, tant que cela dure. Cultivez la dextérité de l'une de vos mains, afin de pouvoir faire toutes sortes de choses, tout en gardant votre bébé dans un bras. Repoussez à plus tard tout ce que vous ne pouvez pas accomplir avec un délicieux petit pot de colle dans les jambes.

Il y aura bien sûr des moments où cette attention constante vous pèsera. Vous aurez besoin de temps pour vous-même. Si vous pouvez confier bébé à votre conjoint, à de la famille ou à une amie, c'est le moment de le faire.

Mais cette séparation ne sera-t-elle pas trop difficile pour votre enfant ? Avec le temps, les séparations deviendront moins traumatisantes si vous les ritualisez et si votre bébé se sent en sécurité en votre absence – parce qu'il sait que vous allez revenir.

Les séparations dans le calme

- Commencez par des absences de courte durée.
- À chaque fois que vous quittez votre enfant, dites au revoir de la même façon. Ce qui compte, ce n'est pas tant le sens de vos paroles que la cohérence de votre comportement.
- À chaque fois que vous rentrez, dites bonjour de la même façon.
- Restez cohérente dans la séparation et les retrouvailles, répétez-les à chaque fois sans en faire une histoire et votre enfant finira par comprendre que quand vous le quittez, vous revenez toujours.

Les dents, le rhume et autres petits tracas

Les dents et les autres petits tracas peuvent être éprouvants, non seulement à cause de la douleur et des risques possibles qu'ils représentent, mais aussi parce qu'ils accentuent souvent la dépendance, l'irritabilité ou d'autres comportements de votre bébé.

Si les dents de lait sont formées à la naissance, l'apparition de la première dent, vers six mois, est une étape importante de la vie de votre enfant. Mais ce qui tempère un peu cette joie, c'est ce qui précède cette apparition.

Jusqu'à récemment, les experts tenaient l'apparition des dents pour responsable de toutes sortes de maux, depuis la fatigue jusqu'aux troubles de l'alimentation, en passant par les douleurs auriculaires, la bave et la diarrhée. Des études médicales ont cependant prouvé qu'il n'existe aucun lien de cause à effet entre la pousse des dents et la plupart des symptômes qu'on y associe (voilà pourquoi il ne faut pas écarter d'emblée certains symptômes, comme la fièvre, en arguant que bébé « fait ses dents »).

Quels que soient les symptômes qu'on lui impute, il est évident que la pousse des dents est éprouvante pour le bébé, mais aussi pour sa maman.

Alors que faire ?

Sachant qu'il est naturel pour un enfant de faire ses dents, votre premier souci sera de soulager la douleur et de donner à votre bébé tout l'amour et l'attention dont il aura besoin, en cette période. C'est incroyable ce que peuvent accomplir quelques paroles réconfortantes et un bon câlin.

Faire ses dents dans le calme

Pour soulager la douleur de la pousse des dents, il suffit généralement d'appuyer sur la zone sensible, de l'insensibiliser, ou bien d'avoir recours à des remèdes naturels ou à des anti-inflammatoires.

- Si les gencives de votre bébé sont trop sensibles, essayez de les masser du doigt.
- Utilisez un anneau en caoutchouc. Pour en augmenter l'efficacité, laissez-le quelque temps au réfrigérateur. Quand votre enfant mordillera l'anneau froid, cela insensibilisera ses gencives pendant un moment. Certains anneaux contiennent un gel spécifique qui conserve le froid.
- Limitez les apports en sucre dans l'alimentation de bébé. Lorsque le sucre s'allie à la bactérie sécrétée par les gencives, cela génère de l'acide, qui accentue la douleur.
- Ajoutez régulièrement un peu de camomille au biberon de votre enfant, ou encore donnez-lui-en à la cuillère, ou imprégnez-en un linge propre que vous pourrez lui donner à sucer.
- Votre pédiatre vous recommandera certainement un remède pharmaceutique ou homéopathique.

Entre six et douze mois, le système immunitaire de votre enfant commence à se développer. Outre les changements de comportement (comme les intermittences du sommeil), ce développement s'accompagne souvent de toute une série d'infections mineures comme le rhume, la diarrhée ou les allergies. En effet, il n'est pas rare pour un bébé d'attraper six à dix rhumes par an.

De temps à autre, ces infections mineures causent des troubles du sommeil et de l'alimentation. Ils disparaissent en général d'eux-mêmes, mais si vous préférez être rassurée, consultez votre pédiatre, notamment si votre bébé a de la fièvre ou la diarrhée, qui peuvent entraîner une déshydratation. Il existe en outre de nombreux remèdes naturels, homéopathiques ou pharmaceutiques.

Mais par-dessus tout, ce qu'il faut dans ces périodes de maladie ou de douleur, c'est encore plus d'amour et d'attention de votre part. Jetez un œil aux conseils qui suivent, ils vous permettront d'aborder ces problèmes avec sérénité.

Les caresses

Les Chinois savent depuis des siècles que le massage de certains points précis du corps soulage et guérit. Du bout des doigts, essayez les mouvements ci-dessous, lorsque votre enfant se plaint :

- Avec deux doigts de chaque main, dessinez doucement l'arcade sourcilière de votre bébé, tout en caressant le front, les tempes et le tour des oreilles.
- Très délicatement, entre le pouce et l'index, massez les lobes d'oreilles de votre enfant.
- Massez doucement la plante de ses pieds, surtout à la base des orteils.

Insistez sur les gestes qui ont le plus d'effet sur votre enfant.

S'il faut répondre aux besoins de bébé durant cette période, il est tout aussi important de vous occuper des vôtres. S'il y a un moment où vous devez profiter des techniques du calme décrites dans ce livre, c'est bien celui-là.

Sécuriser la maison

Au-delà de six mois, la curiosité de votre bébé le poussera irrésistiblement vers les escaliers, les prises électriques et les meubles à escalader. Il devient donc urgent de sécuriser les lieux, si vous voulez mettre votre enfant hors de danger et préserver votre tranquillité d'esprit.

Tout d'abord, délimitez les endroits où votre enfant peut vagabonder. S'il vous paraît peu réaliste de sécuriser toute la maison, choisissez une ou deux pièces dans lesquelles il pourra déambuler. Assurez-vous que les portes des pièces « dangereuses » ne peuvent pas être ouvertes par de petits doigts agiles. N'oubliez pas de passer régulièrement en revue vos garde-fous, afin de vous adapter à l'agilité croissante de votre enfant.

Une fois ces mesures prises, votre intérieur sera peut-être moins élégant qu'auparavant, mais aussi beaucoup plus sûr. Il constituera un environnement ludique pour bébé.

Comment sécuriser la maison

- Mettez-vous à quatre pattes, afin de déterminer les tentations qui s'offrent à la vue de votre enfant.
- Installez des caches en plastique sur toutes les prises électriques.
- Placez hors d'atteinte tous les objets susceptibles d'être portés à la bouche.
- Recouvrez les coins des meubles, retirez les nappes qui pendent des tables.
- Installez de petites barrières en haut et en bas de chaque escalier.
- Enfermez à double tour tous les produits d'entretien, au besoin à l'aide de verrous supplémentaires. Conservez en hauteur médicaments, vitamines et condiments. Faites disparaître les sacs en plastique.
- Verrouillez la porte de la salle de bains.
- Débranchez les appareils ménagers et placez des grilles de protection devant les cheminées et les radiateurs.
- Vérifiez que vos plantes d'intérieur ne présentent aucun risque pour les jeunes enfants (beaucoup sont toxiques). ►

- Pour finir, rédigez une liste de tous les numéros d'urgence (hôpital, médecin, infirmière spécialisée, centre anti-poison...) et gardez-la à portée de main, au cas où.

L'alimentation

L'introduction de solide dans le régime alimentaire de votre bébé interviendra probablement vers la même période et représente également une étape importante de sa vie.

Certains bébés décident d'eux-mêmes d'abandonner le sein, mais la plupart ont besoin d'y être aidés. La meilleure approche consiste en un sevrage progressif, ce qui évite pour vous l'inconvénient des seins engorgés et pour votre enfant, le sentiment d'abandon ou de rejet.

Il est préférable d'aborder cette transition à une période détendue de votre vie. Car non seulement le sevrage risque de rendre votre enfant plus agité et plus pressant à votre égard, mais le fait qu'il se mette à manger « solide » est un changement de taille pour vous deux.

Avoir un bébé qui passe à une alimentation solide est une excellente école de tolérance au bazar. La solution ? Apprendre à vivre avec. L'exploration est une étape capitale dans l'apprentissage de la nourriture – exploration avec les doigts, les mains, parfois même la bouche !

Cette nouvelle alimentation peut aussi entraîner de nouveaux rapports de force entre maman et bébé. Maintenant, non seulement votre enfant sait lancer, touiller, écrabouiller et jouer avec sa nourriture, mais il peut aussi la rejeter complètement. S'il décide d'utiliser les repas comme une arène où exercer son indépendance, il vaut sans doute mieux considérer cela comme un échec temporaire et s'assurer seulement qu'il absorbe quelque chose de nourrissant à chaque tentative.

Une stratégie possible consiste à lui retirer son assiette et à lui donner à la place un jouet ou un objet qui puisse le distraire. Réintroduisez ensuite la nourriture, le plus calmement possible. Si votre enfant persiste à la refuser, donnez-lui un aliment qu'il aime. De toute façon, beaucoup d'enfants préfèrent les en-cas moins consistants, mais plus fréquents.

Essayez des textures et des quantités différentes. Découpez et disposez les aliments avec humour et une pointe d'imagination. Vous constaterez peut-être que votre enfant préfère manger tout seul.

Quand votre enfant approchera de l'âge de deux ans, il se peut que ses goûts et ses habitudes alimentaires changent à nouveau. Ce qu'il adorait hier, il est possible qu'il le déteste aujourd'hui. Néanmoins, s'il a vraiment faim, il mangera à coup sûr et il aura tendance à moins chipoter.

Il est évident que, si vous avez l'impression que votre enfant est malade ou que son alimentation n'est pas adaptée, il faut consulter votre pédiatre.

Restaurez votre identité

Dans les six ou huit mois qui suivent la naissance (ou un peu plus, si vous allaitez), vous aurez sans doute l'impression de sortir d'un long tunnel. Après tous ces mois d'isolement, vous aurez envie de vous tourner à nouveau vers l'extérieur.

Mais vous constaterez que les choses ont changé. Que vous le vouliez ou non, votre vie ne vous appartient plus complètement. De plus, cette nouvelle expérience est très différente d'une relation conventionnelle d'échange et de partage. Cette nouvelle relation exige de vous que vous soyez impliquée, énergique et disponible tous les jours.

Dans le même temps, vous trouverez peut-être que les rapports avec votre conjoint se sont eux aussi modifiés. Ce qui n'est pas vraiment surprenant. Dans les temps les plus éprouvants de la maternité, les autres relations ont tendance à être mises entre parenthèses. Il n'y a là rien d'inhabituel.

Vous n'aurez plus forcément la même conception de votre corps, dans ce que vous voyez et dans ce que vous ressentez. Et parfois, la vie sexuelle passe derrière les besoins physiques plus urgents, comme le sommeil, par exemple.

Tous ces changements sont normaux et familiers à la plupart des jeunes mamans. À vous ensuite de les considérer de façon positive ou négative. Ou bien vous regrettez ces changements, ou bien vous y voyez l'occasion de redéfinir votre place dans votre contexte familial. En fait, c'est peut-être le moment d'*améliorer* vos relations. Pour beaucoup de couples, devenir parents est synonyme de développement et de rapprochement – tout particulièrement si les tâches sont bien réparties.

Alors, amusez-vous un peu. Redécouvrez votre partenaire. Programmez un dîner aux chandelles après le coucher de bébé. Choisissez votre plus belle tenue. Rangez tous les jouets qui traînent. Offrez-vous une bouteille de votre vin favori.

Il est temps de vous recentrer sur vous, sur votre conjoint, et de vous chouchouter un peu. Ne résistez pas aux petits luxes que vous pouvez vous offrir. Vous les avez bien mérités. Des vêtements, une visite chez le coiffeur, un massage, de l'aromathérapie, du yoga, une nouvelle activité sportive ou, plus encore, du temps pour vous. Pour aller faire un tour à la bibliothèque, à la salle de sport ou dans le parc, pour passer voir des amis ou juste vous asseoir à une terrasse et savourer un café, toute seule. C'est votre moment à vous – profitez-en.

Ce « chouchoutage » n'est pas un caprice. Votre bébé va bientôt entrer dans une phase très active, durant laquelle votre énergie et votre patience seront mises à rude épreuve. Vous serez plus à même d'y faire face si vous êtes détendue, confiante et soutenue. Rappelez-vous : des parents heureux et comblés font le plus souvent un enfant heureux et comblé.

L'isolement et les réseaux de relations

L'isolement est un des effets secondaires de la vie moderne. Certaines mères se sentent très distantes du reste du monde, surtout en passant beaucoup de temps à la maison à s'occuper d'un bébé. Dans un tel contexte, les problèmes de tous les jours prennent vite des proportions gigantesques. Mais vous n'êtes pas seule face à ces épreuves et à ces frustrations.

La meilleure décision consiste à prendre contact avec des gens qui vivent la même chose que vous. Rejoignez un groupe d'activités ou un club de baby-sitting où les parents se relaient pour garder les enfants. Vous aurez ainsi l'opportunité de prendre du temps pour vous, sans avoir à payer une baby-sitter. Même si votre seul point commun avec les autres membres est d'avoir des enfants, ce genre de groupes représente souvent une source de soutien et d'information. De plus, les groupes de jeu permettent à des enfants d'âges proches d'avoir leurs premiers contacts sociaux, le tout supervisé et encouragé par vous.

On trouve généralement les coordonnées de ces groupes dans les maternités ou les crèches. S'il n'en existe pas près de chez vous, montez-en un.

En avant, marche : de dix-huit à trente mois

Le thème majeur de cette période est l'exploration. Votre enfant éprouve désormais le besoin irrésistible de repousser ses propres limites et, par là même, les limites de votre patience.

Préparez-vous à vivre une phase de contrastes. Votre enfant sera le modèle même du petit ange et, la seconde d'après, il fera tout pour vous rendre folle. Mais ces quelques mois ne se résument pas nécessairement au stress et aux crises de colère ; c'est aussi l'occasion de retrouver un peu de calme, ensemble.

Le monde de votre enfant

Âge	Évolution physique	Évolution mentale	Compréhension	Comportement
18-30 mois	Les jambes et le tronc s'allongent : la silhouette n'est plus celle d'un bébé, mais d'un enfant. Les jeux deviennent plus complexes. Préférences marquées pour certains aliments et certaines activités.	Il commence à saisir concepts et idées. Il souffre d'être séparé de ceux qu'il aime. Il se souvient de lieux et d'environnements différents.	Le langage progresse. Il comprend la majorité de ce que vous dites. Il obéit aux instructions binaires, du type « Va dans le salon prendre ta peluche ». Il développe des préférences pour certains enfants.	Il fait ses nuits. Il apprend vite. Il aime apprendre de nouvelles choses. Il veut éprouver son indépendance, tout en restant complètement dépendant. Il se montre exigeant.

Le développement chez votre enfant de la mobilité et de la curiosité implique qu'il lui arrivera d'être un danger pour lui-même. Et à présent qu'il dort moins, avec une seule sieste par jour, il dispose de plus de temps pour s'amuser et faire des bêtises. Mais il ne faut pas oublier que ses aptitudes d'apprentissage dépendent directement de sa liberté motrice, à travers l'expérience et la répétition.

Pour de nombreuses mères, la caractéristique majeure de cette période est la dépendance – ou l'indépendance. D'un côté, votre enfant met à l'épreuve ses capacités et ses limites. De l'autre, il est touché par un sentiment d'insécurité dès qu'il est séparé de vous.

La tension entre ces deux extrêmes peut devenir fatigante pour tout le monde. Du point de vue de votre enfant, si vous limitez son désir d'indépendance, cela générera frustration et colère. Mais si vous essayez de le détacher de vous, vous accentuerez le sentiment d'insécurité.

En outre, votre enfant se débat continuellement au milieu d'émotions et de difficultés qu'il ne comprend pas. Il est frustré devant certaines tâches qu'il ne peut accomplir, ainsi que devant ses capacités d'attention réduites. Il lui arrive encore de pleurer et il commence à comprendre l'effet que cela produit sur vous. Il pourra pousser, mordre, abîmer ou casser des choses sans aucune mauvaise intention ; après tout, il ne possède pas la faculté d'envisager les situations du point de vue d'une autre personne. Et, juste au moment où vous vous dites que vous n'y comprendrez jamais rien, voilà que surgit un nouveau mot.

Cette nouvelle aptitude à communiquer est probablement le plus grand accomplissement social de votre enfant, à ce jour. À deux ans et demi, votre enfant babille couramment, avec un lexique d'un certain nombre de mots et d'expressions reconnaissables. À cet âge se produit aussi un autre progrès : l'apparition de la pensée symbolique. Vous en verrez les premiers signes dans la façon dont votre enfant organise sa réflexion. Par exemple, il commence à se rappeler où il a rangé un objet, ou une action précise et passée. Il devient capable de saisir des concepts généraux tels que « dedans » et « dehors ».

Mais le mot auquel va sa préférence est sans conteste « non ». Il passe en tête du hit-parade des mots les plus utilisés dans le dialogue mère-enfant. Quand c'est vous qui l'employez, vous percevez qu'il le comprend, même s'il ne réagit pas forcément. Mais lorsqu'il vous l'exprime, il n'y a aucun doute possible. Le « non » prononcé distinctement devient l'expression très claire de son indépendance, et certains enfants ont tendance à crier leur indépendance sur les toits.

Il est temps pour vous de penser en termes de « riposte positive ».

La riposte positive

Tout le monde se sent plus détendu en disant oui plutôt que non. Vous savez vous-même qu'il est infiniment moins stressant de répondre positivement, quelle que soit votre opinion. Et pour la plupart des gens, une instruction positive (« Fais le tour de la table ») est beaucoup plus motivante qu'une instruction négative (« Ne fonce pas dans la table »).

Vous en conclurez peut-être qu'il est un peu tôt pour se préoccuper de ce genre de subtilités, dans la mesure où votre enfant n'est pas capable de les comprendre. Mais il n'est jamais trop tôt pour commencer à se concentrer sur le positif – pour vous comme pour votre enfant.

Vous verrez que la vie deviendra beaucoup plus harmonieuse, dès lors que vous encouragerez les comportements positifs, plutôt que d'essayer de corriger les comportements négatifs.

Il est inutile de tenter d'empêcher votre enfant de faire ce pour quoi il est programmé. Les tout-petits ont besoin d'escalader, de vider et de remplir des contenants, et d'expérimenter des formes, des goûts et des textures différents. Le mieux pour vous est de lui fournir un environnement qui lui permette de réaliser cela de manière constructive.

Si vous ne voulez pas que votre enfant grimpe sur le canapé neuf, indiquez-lui une solution de rechange.

Vous préférez qu'il n'éclabousse pas la moquette fraîchement nettoyée ? Emmenez-le faire ses jeux d'eau dans la salle de bain. Pour éviter qu'il fonce droit sur les escaliers de la cave, placez-le dans une pièce « sécurisée » où il pourra s'en donner à cœur joie.

Le calme ne vient pas en limitant l'exubérance naturelle de votre enfant, mais en l'orientant positivement.

Les colères

C'est aussi l'âge où votre enfant apprend à gérer ses propres émotions. Il se sent souvent frustré car il n'est pas capable de communiquer ses désirs et ses intentions de façon efficace. Ajoutez ces deux ingrédients et vous aurez la recette idéale de la crise de colère – phénomène courant chez les enfants de dix-huit à trente mois.

Voici trois des caractéristiques certaines des colères survenant à cet âge :

- La crise de colère vous prendra par surprise. Votre enfant est détendu et adorable et, la seconde qui suit, il hurle.
- La crise disparaîtra aussi soudainement qu'elle sera apparue.
- Il s'agit rarement d'une tentative de manipulation de la part de votre enfant.

Les crises de colère sont des expériences déplaisantes pour tout le monde, particulièrement pour l'enfant. Il aura beau avoir l'air déterminé, la perte de contrôle inhérente à la crise de colère pourra lui sembler effrayante. Voilà pourquoi il importe que vous y répondiez avec calme.

Dans le premier chapitre, nous avons vu comment les états émotionnels se transmettaient d'une personne à une autre. Une personne tendue véhicule de la tension, alors qu'une personne calme diffuse le calme. Néanmoins, en ce qui concerne les colères, tel n'est pas toujours le cas.

Il est vrai qu'une personne tendue véhicule de la tension. Si vous réagissez avec colère à la crise de votre enfant, la seule chose que vous aurez prouvée, c'est que, tout comme les enfants, les adultes perdent le contrôle. Cela ne pourra qu'accentuer le comportement difficile de votre enfant.

Cependant, dans ce cas précis, l'inverse n'est pas toujours vrai. Une approche calme de la situation ne produit pas toujours un effet calmant immédiat, car les colères sont une forme d'hystérie qui doit connaître un pic avant de décliner.

Une fois la crise passée, votre enfant constatera que tout est rentré dans l'ordre et que son comportement n'a provoqué ni punition, ni récompense. Discutez calmement de ce qui vient de se passer ; prenez en compte la frustration de votre enfant, expliquez que vous avez noté que quelque chose lui a déplu ou qu'il n'a pas été compris. Le but de ce discours n'est pas seulement de rétablir l'empathie, c'est aussi de démontrer que les mots et le langage sont un bien meilleur moyen de communication que les actes hystériques.

Si une colère survient alors que vous vous trouvez dans un lieu public, la première chose à faire est d'adapter le plus rapidement possible *votre* réflexion. Dites-vous qu'au moment où les cris éclatent, le monde extérieur se divise automatiquement en deux groupes. Le premier est celui de ceux qui ont déjà connu ce que vous traversez et qui compatissent. Le second vous tiendra pour responsable de ce qui arrive. D'un côté, il y a vos pairs ; de l'autre, ceux qui ne comprendront jamais les hauts et les bas, la magie et les épreuves du rôle de parent.

Cherchez le soutien auprès de vos pairs ! Adressez-leur un sourire en haussant les épaules, ils ne pourront que compatir. Ignorez les autres – ils ne peuvent pas comprendre. Mais surtout, ne vous laissez pas embarrasser, au point de réagir avec excès ou d'accéder aux exigences déplacées de votre enfant. Vous savez que les menaces ne vous mèneront nulle part, alors autant vous concentrer sur la façon la plus calme et la plus digne de gérer la crise.

Comment gérer une situation de crise

- Rappelez-vous que votre enfant est aussi troublé que vous par son comportement.
- Restez calme, neutre et ferme dans vos réactions.
- Faites en sorte de limiter les dégâts sur lui-même et sur ce qui l'entoure : éloignez tous les objets fragiles ou dangereux. Dans un lieu public, rendez-vous dans les toilettes ou dans un coin moins fréquenté.
- Faites asseoir votre enfant ou bien tenez-le fermement dans vos bras. Quittez la pièce un moment, en l'assurant que vous allez revenir dans quelques minutes (prenez garde de ne pas lui laisser croire que vous l'abandonnez).
- Réconfortez-le ensuite, mais sans avoir l'air de le féliciter pour son comportement.
- Discutez calmement de ce qui s'est produit, afin que votre enfant voie combien les mots et le langage sont préférables aux hurlements.

La meilleure stratégie possible en cas de crise de colère est sans doute la prévention. Si vous avez repéré que certains lieux ou activités sont des facteurs déclencheurs, veillez à les éviter. Si vous savez que les crises surviennent souvent quand votre enfant a faim, emportez un petit aliment secret, au cas où... Il est parfois bon d'emporter un choix d'aliments différents, ce qui offre l'avantage d'une distraction supplémentaire.

Si votre enfant a tendance à s'agiter lorsque vous le faites passer d'une activité à une autre (du jeu au bain par exemple), annoncez clairement la deuxième activité.

Donnez de nombreux avertissements, afin que votre enfant ait le temps de se faire à l'idée.

Si vous pensez que les colères sont trop fréquentes, cela peut indiquer que votre enfant rencontre une source de problème ou d'inquiétude. Lui avez-vous imposé trop de règles de vie, pour son âge ? Vient-il d'arriver à la crèche, ou doit-il faire face à l'arrivée d'un autre bébé dans la maison ? Montrez-vous vous-même des signes de tension, auxquels il réagirait ainsi ? Chacun de ces facteurs est susceptible de provoquer un comportement négatif chez un jeune enfant.

Les troubles du sommeil

Maintenant que vous avez plus ou moins dépassé le stade où votre enfant découpe vos nuits en petits morceaux, vous entrez dans la phase où il devient capable d'interrompre son propre sommeil.

Il n'est pas rare qu'apparaissent des signes de résistance au sommeil chez les enfants autour de deux ans, même s'ils ont toujours dormi correctement auparavant. Souvent, c'est là une nouvelle affirmation de leur indépendance, maintenant qu'ils ont les moyens de contrôler leur sommeil. À d'autres périodes, cela peut être dû à de nouvelles étapes du développement, ou à des tensions inhérentes à ce développement.

Le bruit et les grognements font partie, dans une certaine mesure, du comportement classique du jeune enfant. S'il est vrai que cela a parfois de quoi agacer ou déranger, il est souvent plus efficace de laisser faire, plutôt que d'intervenir. Il est évident que l'intensité du bruit est une donnée capitale, mais à ce stade, vous connaîtrez assez le « langage » de votre enfant pour savoir s'il a un problème.

Autour de deux ans, certains enfants connaissent des terreurs nocturnes. Celles-ci sont différentes des cauchemars, dans la mesure où elles surviennent généralement une heure environ après que l'enfant s'est endormi et qu'elles se caractérisent par de la peur, un rythme cardiaque rapide et parfois de la sueur et des tremblements. Souvent, l'enfant n'est pas complètement réveillé et ne se laissera pas réconforter tout de suite. Cependant, une fois la crise passée, il se rendormira rapidement et n'aura aucun souvenir le lendemain matin.

En revanche, les cauchemars persistent un peu plus longtemps, et apparaissent souvent en plein milieu de la nuit. Il pourra arriver que votre enfant se les rappelle au point de décrire certains événements (si son langage le lui permet) et qu'il ait plus de mal à se rendormir.

Alors, comment faire pour épargner à son enfant cauchemars et terreurs nocturnes ? Rien, à part rendre le coucher aussi apaisant et programmé que possible, afin que votre enfant soit le moins tendu possible (un petit jouet tout doux dans le lit pouvant par exemple l'y aider).

L'arrivée des frères et sœurs

L'arrivée d'un nouveau bébé dans la famille est toujours un événement important dans la vie d'un petit enfant. Dans un premier temps, votre enfant n'est pas assez mature pour accepter que sa maman ait un autre centre d'intérêt que lui, ou qu'elle soit trop fatiguée pour s'occuper de lui. Ensuite, il va devoir affronter un nouveau concept : celui de considérer quelqu'un d'autre que lui-même. Ce qui conduit nécessairement à une certaine jalousie et à une tension amour-haine, connue aussi sous le nom de rivalité fraternelle.

Parfois, ces tensions entraînent un redoublement des crises de colère, des troubles du sommeil, de l'alimentation et du comportement, ou une agressivité accrue. Votre enfant ne fait pas seulement un caprice : il ne comprend pas les émotions qu'il ressent et est incapable de les communiquer efficacement. Il est très important de ne pas tenter de corriger cette attitude.

De plus, passés les premiers mois, votre enfant ne se rappellera même pas le temps où il était encore enfant unique. Les bébés s'adaptent avec une grande facilité ; il suffit qu'on leur donne leur dose quotidienne d'attention pour que le spectre de la rivalité fraternelle soit généralement évité.

Ce qui n'implique pas que vous aurez la tâche facile. S'occuper à la fois d'un nouveau-né et des émotions à fleur de peau d'un jeune enfant n'est pas une sinécure. Certains professionnels de l'enfance affirment même qu'il est plus facile d'élever des jumeaux. Cependant, il existe un certain nombre de mesures qui permettront à votre enfant de mieux accepter la présence de bébé.

Comment présenter bébé

- Parlez à votre enfant et montrez-lui des livres d'images mettant en scène la famille et ce, bien avant l'arrivée de son petit frère ou de sa petite sœur. Dès que vous sentirez le bébé bouger, faites les présentations.
- Impliquez votre enfant dans la discussion sur le prénom, sur ce qui va se passer, sur ce que fait généralement un bébé. Une poupée peut être utile pour illustrer ces propos.
- Présentez très tôt à votre enfant les nouveaux visages auxquels il devra s'habituer (nounou, baby-sitter, personnel de la crèche...).
- Prenez toutes les dispositions pour que votre enfant se sente en sécurité dans son environnement, dans les semaines qui suivront l'accouchement. Si vous préparez une valise pour la maternité, préparez-en une également pour lui.
- Encouragez les visites à l'hôpital quand vous vous sentez en forme et de bonne humeur. Autorisez ▶

votre enfant à prendre bébé dans ses bras (avec votre aide).

- Essayez de poursuivre après la naissance les activités que vous pratiquiez tous les deux avant. Laissez-le redevenir un bébé, de temps en temps. Évitez de donner la tétée devant lui, au moins les premiers jours.
- N'attendez pas de votre enfant qu'il aime le bébé au premier coup d'œil, mais encouragez-le à aider et à participer.
- Et surtout, prenez grand soin de ne pas comparer vos enfants entre eux.

Le passage au pot

Le moment est à présent venu de concrétiser ce rêve qui vous suit depuis un an environ : arrêter de changer les couches. Mais comment savoir qu'il est temps d'entraîner votre enfant à aller sur le pot ?

Il ne fait aucun doute aujourd'hui que c'est l'enfant lui-même, et pas vous, qui doit déterminer le bon moment. Inutile d'essayer de le forcer s'il n'est pas prêt. Vous ne feriez que créer une situation de tension et d'angoisse.

Pour être prêt, votre enfant doit montrer les aptitudes suivantes : savoir analyser ce qu'il désire, comprendre des instructions simples, pouvoir rester sec au moins deux heures d'affilée et ressentir un réel besoin d'indépendance.

Si vous essayez d'entraîner votre enfant au pot trop tôt, le résultat ne sera pas convaincant : certains jours, cela fonctionnera, d'autres non et le sentiment d'échec qui en découlera sera un handicap pour la suite. Il vaut mieux abandonner les couches un peu plus tard, plutôt que de suivre votre enfant à la trace, le pot à la main.

Avant vingt-quatre mois environ, un enfant n'est théoriquement pas capable d'arriver au pot à temps. Et même au-delà de cet âge, des accidents de parcours sont à craindre. Il n'y a cependant pas de contre-indications à acheter un pot plus tôt. Cela lui laissera le temps de se familiariser avec l'objet.

La météo est une autre composante à ne pas négliger. Pour certaines mères, l'été est le moment le plus adéquat pour le passage au pot, parce qu'il est plus facile de déshabiller bébé, mais aussi de réparer les dégâts. Il faut aussi veiller à ne pas faire la transition dans des conditions inhabituelles pour l'enfant (par exemple en vacances, quand l'organisation quotidienne est modifiée).

Le passage au pot peut devenir une période gratifiante pour votre enfant, lui donnant un réel sentiment de réussite. Mais c'est en général « deux pas en avant, un pas en arrière ». Un jour, vous remportez la victoire ; le lendemain, tout est à refaire. Du moment que vous avancez dans la bonne direction, il n'y a pas de quoi s'inquiéter.

Le passage au pot : transition en douceur

- Attendez le bon moment.
- Si possible, faites-le en été.
- Veillez à ne pas trop insister ; la patience paiera, pour vous comme pour lui.
- Montrez autant d'enthousiasme que votre enfant devant ses succès.
- Attendez-vous à des incidents et gardez toujours à portée de main de quoi nettoyer.
- Si vous sentez que votre patience est à bout, revenez aux couches pour quelques jours, et détendez-vous.

Donnez-lui le choix

Tout comme les adultes, les enfants détestent qu'on prenne des décisions à leur place. Ne serait-ce que pour encourager un comportement affirmé, il est essentiel de laisser l'enfant faire ses propres choix – ou de lui en donner l'impression.

Mettez-vous à la place de votre enfant. Quelle formulation parmi les deux suivantes vous donnerait envie de boire votre lait : « Tu veux du lait chaud ou du lait froid » ou « Bois ton lait ! » ?

Bien sûr, vous n'échapperez pas aux caprices éventuels, mais bébé sera plus enclin à vous obéir s'il est placé dans un contexte de choix.

À vous de décider quelle alternative lui donner, et à lui d'exprimer sa préférence.

Les choix de votre enfant

Les enfants se montrent plus conciliants et plus détendus s'ils ont l'impression qu'on leur donne le choix. Si par exemple, votre enfant est difficile avec la nourriture, offrez-lui le choix entre deux aliments : « Tu voudrais des carottes ou des pommes de terre ? »
S'il ne veut pas mettre ses chaussures, donnez-lui le choix : « Tu veux tes sandales rouges ou tes bottes blanches ? »
Si bébé ne veut pas lâcher son nounours pour aller prendre son bain, donnez-lui le choix : « Tu veux que Nounours te regarde prendre ton bain, ou tu préfères qu'il fasse une petite sieste, en t'attendant ? »
On ne peut jamais garantir le succès, mais vous améliorerez beaucoup vos chances de vous faire obéir en faisant deux propositions.

Modérez le comportement de votre enfant

À présent que votre enfant est en âge d'exprimer son indépendance, peut-être est-il temps de vous pencher sur les questions de discipline.

Même si, à cet âge, un enfant est peu susceptible de préméditation et de manipulation, certains parents craignent de perdre le contrôle s'ils ne surveillent pas de très près son comportement. Ce qui conduit inévitablement à des affrontements qui peuvent se poursuivre jusqu'à l'adolescence, et même au-delà.

Derrière cette tension, on retrouve cette idée que les enfants appartiennent à leurs parents et devraient se montrer reconnaissants de tous les sacrifices que ces derniers font pour eux. Ces questions ne sont presque jamais conscientes, mais elles sous-tendent toutes vos réactions, dès que votre enfant tente d'exprimer son individualité.

Pour s'affirmer, il fera des colères, mettra le bazar, refusera de manger ou se montrera agressif – au point parfois de se placer dans des situations dangereuses. Mais dans le même temps, si vous le laissez faire les choses tout seul et quittez la pièce, il protestera vivement.

Votre réaction à ce type de comportements dépendra de votre conception de la discipline. Pensez-vous que le but de la discipline soit de maîtriser les comportements désagréables, ou plutôt d'encourager les attitudes positives ?

Le parent qui favorisera la première affirmation utilisera la discipline punitive pour sanctionner les bêtises. Pour fonctionner, cette méthode s'appuie sur la peur.

En revanche, le parent qui préférera encourager un comportement positif se servira de la discipline pour fixer des limites et les respecter avec cohérence et fermeté. C'est la discipline positive.

Si l'approche négative fournit souvent des résultats plus rapides, elle construit aussi une nature plus négative chez votre enfant. L'approche positive, quant à elle, produit non seulement un comportement plus acceptable à court terme, mais elle encourage également dans l'avenir un état d'esprit plus positif et équilibré.

Quoi qu'il en soit, la punition n'a de sens que si l'enfant est assez mûr pour comprendre la leçon et la retenir. Ce qui n'est généralement pas le cas avant trente-six mois minimum. Punir votre enfant avant cet âge ne fera qu'entraîner chez lui la peur des adultes.

« L'arrêt de jeu »

Pour de nombreux parents, la technique de « l'arrêt de jeu » est une forme acceptable de discipline chez les jeunes enfants.

Utilisé comme punition, l'arrêt de jeu se révélera souvent inefficace, car l'enfant n'en comprendra ni le sens, ni l'importance, surtout en cas de crises de colère ou de larmes. Et même s'il comprend, son attention sera trop vite distraite pour qu'il se rappelle quelle attitude a entraîné cette punition.

Cependant, un usage positif de l'arrêt de jeu peut être une façon efficace d'aider votre enfant à gérer sa frustration et à retrouver son calme, en cas de tension émotionnelle.

Si vous optez pour cette technique, n'en faites pas la réponse à tous les problèmes – du moins, pas tant que votre enfant n'est pas en mesure de comprendre le lien entre son comportement (la cause) et votre réaction (la conséquence).

Il est évident que le principal bénéficiaire de l'arrêt de jeu, c'est vous. Il vous permettra de faire une pause en pleine crise, de vous retirer du conflit et d'attendre que l'explosion se calme.

Heureusement, il existe une approche positive, appelée « l'arrêt de jeu calme », dont le but est d'apaiser votre enfant et de vous permettre de respirer, libérée de toute culpabilité.

L'arrêt du jeu comme technique du calme

Pour être efficace, cette mesure doit être associée à un retour au calme. Il ne doit subsister ni colère, ni peur, ni hostilité. Prenez garde de ne pas la présenter comme une punition, surtout si votre enfant a moins de trente-six mois, car il n'en comprendra ni le sens, ni l'importance. ▶

- Rendez-vous dans un endroit calme (voir p. 61).
- Parlez à voix basse, et avec douceur. Ralentissez tous vos mouvements. Ralentissez également votre respiration.
- Amenez progressivement votre enfant à la notion d'arrêt de jeu. Pour commencer, restez avec lui, partagez une activité distrayante, comme la lecture d'un livre par exemple. Plus tard, vous pourrez laisser votre enfant dans une autre pièce.
- Faites comprendre à votre enfant que l'arrêt de jeu n'est pas une punition, mais un moyen pour vous deux de revenir au calme.
- Répétez-lui que rien ne presse, que vous avez tout le temps de vous détendre et de retrouver la sérénité (n'ayez pas peur d'utiliser ces mots – même s'il ne les connaît pas, il en saisira le sens).
- À ce stade, ne prêtez pas trop d'attention à ce que fait votre enfant et n'essayez pas de le consoler. Laissez-le simplement vivre ses émotions.
- Ne fermez jamais la porte à clé.

Au sens large, privilégiez toujours la prévention comme technique de calme.

Pour cela, il vous suffit d'encourager les attitudes positives, plutôt que de sanctionner les attitudes négatives. Ne ménagez pas vos louanges quand bébé se comporte bien, et prenez l'habitude d'offrir toujours une alternative positive aux situations de blocage (« Maintenant, voyons s'il y a un meilleur moyen de pousser ces jouets qui te gênent »). Orientez votre enfant vers des activités positives, qui sont une alternative constructive aux attitudes négatives qui causent sa frustration.

Révisez vos certitudes

Il y a un monde entre une bêtise et une simple expérience tentée par un jeune enfant. Si vous acceptez cette différence, vous devrez parfois remettre en question vos propres réactions et motivations.

Il est parfaitement naturel de se sentir frustrée ou en colère face au comportement de son enfant – toutes les mères l'ont vécu. C'est la réaction à ces sentiments qui décide d'une expérience positive ou négative.

Si vous aviez le choix, vous aimeriez mieux réagir positivement, en toutes circonstances. Vous préféreriez que votre enfant vous voie comme une personne équilibrée et bien intentionnée, plutôt que comme une furie de mauvaise humeur. Quoi de plus normal ?

Mais en période de grande tension, vous aurez l'impression de ne pas avoir le choix. Plus la pression monte, plus on risque de réagir de façon négative.

À l'inverse, plus on se sent sereine, plus les perspectives paraîtront ouvertes. On voit mieux comment gérer des situations qu'on considérerait, à un autre moment, comme impossibles à résoudre.

Efforcez-vous de devenir calme. Mettez en pratique les techniques présentées dans cet ouvrage. Prenez-y du plaisir. Intégrez-les à votre quotidien. Et, à mesure que la sérénité vous gagnera, vous serez surprise de constater combien votre enfant se montrera positif et coopératif.

De trois à cinq ans : bébé devient grand

Jusqu'ici, vous considériez que votre bébé et vous formiez une unité. Après tout, c'est aussi comme cela que pensait votre bébé, et la fusion était renforcée par ses sollicitations, 24 heures sur 24. Mais tout cela va changer.

Pour commencer, votre enfant grandit plus vite. Il paraît plus mince pour sa taille qu'il ne l'était auparavant, car son poids augmente moins vite. Cela s'accompagne d'une confiance physique accrue – il sait courir, sauter, lancer un ballon, monter les escaliers et il mettra parfois à l'épreuve son audace et son courage.

Âge	Évolution physique	Évolution mentale	Compréhension	Comportement
3-5 ans	Il grandit rapidement. La taille progresse plus vite que le poids. Il maîtrise les déplacements et mouvements principaux (courir, sauter, lancer un ballon). Il met à l'épreuve ses aptitudes physiques et son courage.	Il sait gérer deux émotions à la fois. Il ne fait plus la sieste l'après-midi. Il est capable de se créer des compagnons de jeu imaginaires.	Il se voit comme un individu. Il sait communiquer des sentiments et des idées. Son vocabulaire atteint plusieurs centaines de mots. Il comprend les notions de passé et de futur proches.	Ses cycles d'attention s'allongent. Il parle sans arrêt et pose de nombreuses questions. Il joue avec des amis et apprend à partager. Il veut choisir lui-même ses vêtements.

Petit à petit, la quête de l'indépendance va devenir le centre de son développement. L'enfant commence à se percevoir comme un individu. Son vocabulaire s'est enrichi, il peut mieux communiquer ses sentiments et ses idées – même abstraites.

Bon nombre des traits physiques et même moraux que vous noterez à cet âge persisteront chez votre enfant tout au long de sa vie – sous une forme ou sous une autre.

De même, ses goûts vont commencer à s'inscrire dans un schéma à long terme. C'est une période passionnante de son évolution.

Dans le même temps, vous aussi connaîtrez un certain nombre de changements. Vous prendrez de l'assurance en tant que mère et vous songerez également aux nouvelles responsabilités qui se font jour. Vous prendrez conscience des choix qui s'offrent à vous, maintenant que votre enfant est plus indépendant. Vous pourrez vous consacrer plus de temps. Vous imaginez déjà le moment où votre enfant ira à l'école et où vous pourrez vous recentrer sur vos propres besoins et vos propres désirs.

Néanmoins, le changement le plus significatif pour vous sera le passage du rôle d'accessoire à celui de modèle. Jusqu'à présent, votre enfant copiait votre comportement de façon superficielle, mais désormais, il va reproduire certains aspects de votre personnalité, vos goûts et vos valeurs.

S'il est vrai que des parents calmes font des enfants calmes, c'est maintenant que cette affirmation va prendre tout son sens. C'est le moment idéal pour endosser le rôle du calme (p. 43).

Qu'il s'agisse du calme, de la politesse, de l'attention aux autres, ou du comportement en général, vous êtes désormais le modèle majeur du développement de votre enfant.

Le calme par la suggestion

Quand il s'agira de guider votre enfant dans les méandres de la vie, vous constaterez que, bien souvent, il ne tiendra pas compte de vos conseils. Vous exprimer ne garantira pas que vous serez écoutée.

À présent que votre enfant commence à expérimenter son indépendance, et qu'il poursuivra dans cette voie tout au long de sa vie, il est temps d'apprécier la différence entre directive et suggestion.

Souvent, c'est de la compréhension de cette différence que dépend le degré de persuasion (dans le commerce, la politique ou la thérapie).

Si vous voulez que votre interlocuteur réponde à votre demande, la suggestion sera plus efficace que la directive. Dans les deux cas, votre but sera le même. La différence résidera dans les mots que vous emploierez – et dans votre façon de les employer.

La directive consiste à dire à quelqu'un de faire quelque chose. Par exemple « Ramasse tes jouets ». Si votre enfant est coopératif, vous obtiendrez ce que vous voulez. Mais sa coopération dépend, soit de son *envie* de faire plaisir, soit de sa *peur* de la sanction, s'il n'obéit pas.

Cela fonctionnera la plupart du temps avec un enfant jeune, mais en grandissant, il développera une certaine résistance à la directive. Il existe en effet certaines phases – autour de cinq, sept et neuf ans, puis à l'adolescence – au cours desquelles donner un ordre est le meilleur moyen d'obtenir exactement le contraire de l'effet recherché.

La suggestion est un moyen de persuasion plus efficace. Elle consiste à glisser une idée dans l'esprit de quelqu'un, afin qu'elle le pousse à agir d'une certaine façon, de son plein gré. Il se sentira alors plus heureux de faire ce que vous aurez suggéré. Par exemple, si vous voulez que votre enfant ramasse ses jouets, essayez une suggestion du type : « Tu ne voudrais pas aider maman à ramasser tes jouets ? » ou bien « Tu ne voudrais pas que la pièce soit bien rangée quand grand-mère arrivera ? On pourrait ranger tes jouets. »

Les suggestions comme celles-là sont efficaces car la plupart des gens préfèrent ce mode de communication. Il n'y a là aucune tromperie. Vous formulez votre demande de manière directe, et vos paroles impliquent un choix, non un ordre.

Cette façon de formuler le discours est plus efficace encore si on associe l'image à la parole. Par exemple : « Imagine comme la pièce sera propre quand on aura rangé tes jouets ! » ou « Est-ce que tu crois que maman fera un grand sourire, quand elle verra que tu as ramassé tes jouets ? »

Selon l'âge de la personne à laquelle vous vous adressez, vous devrez parfois combiner les deux formes de communication (suggestion et directive). Quoi qu'il en soit, n'utilisez la directive qu'en dernier recours. Commencez par la suggestion.

Le calme par la suggestion

Le calme par la suggestion réunit les caractéristiques suivantes :

- Il combine deux idées en une seule suggestion. La première partie appelle une réponse positive, par exemple : « Est-ce que tu crois que maman fera un grand sourire... » ; la deuxième partie est en fait un ordre simple : « ... quand tu auras ramassé tes jouets ? »
- Utilisez un langage positif dans les deux parties de la phrase.
- Associez l'image à la parole pour rendre votre suggestion doublement efficace : « Imagine comme la pièce sera propre... »
- Selon l'âge de votre interlocuteur, vous pourrez parfois mélanger les deux formes de communication. Utilisez alors cette formule très simple : commencer par la suggestion, terminer par la directive.

Vous utilisez probablement sans le savoir le calme par la suggestion. Chaque fois que vous souriez en demandant à votre enfant de boire son lait, vous faites une suggestion : en buvant son lait, il vous fera plaisir. Si vous faites cela régulièrement, votre enfant comprendra que le fait de boire son lait suscite une réaction positive.

Le temps de la relaxation

De nos jours, la limite entre stimulation et relaxation est devenue très floue. De fait, beaucoup de gens recherchent la stimulation pour se relaxer. Ils font appel à de nouvelles activités excitantes, dans le but de se détendre.

Mais il ne faut pas se leurrer. La stimulation est à *l'opposé* de la relaxation. La stimulation a pour effet de titiller les sens et le système nerveux. La relaxation, en revanche, les apaise. La stimulation excite ; la relaxation calme.

C'est auprès des jeunes enfants que cette distinction prend tout son sens. De toute part, on vous presse de trouver de nouvelles activités stimulantes pour votre enfant (à la télévision, dans les jeux vidéo, à la radio, dans les magazines...). Derrière cette pression se dessine un subtil sous-entendu : si vous n'offrez pas suffisamment de stimulation à votre enfant, vous créez chez lui un handicap.

Songez où tout cela pourrait mener.

La télévision est présente dans tous les foyers et exerce une influence évidente, même lorsqu'on l'utilise avec discernement. Imaginez un scénario où toutes vos valeurs humaines seraient dictées par une chaîne de dessins animés ! Regardez ce qui se passe chez les gens, et vous verrez qu'à la télévision s'ajoutent les ordinateurs, les jeux vidéo et les consoles de jeu. En poussant cette situation à l'extrême, on aboutit à un phénomène de « surchauffe domestique », où les jeunes enfants passent d'un programme à un autre, selon le jour de la semaine – danse le lundi, piano le mardi, judo le mercredi, foot le jeudi, orthophoniste le vendredi, et cetera.

Si le développement de l'enfant dépend effectivement de la stimulation, rien n'oblige pourtant à en saturer ses journées. L'inactivité est aussi une donnée cruciale de son évolution mentale et émotionnelle. Autrement dit, votre enfant a besoin de temps pour se détendre – pas seulement juste avant le coucher, mais à diverses reprises, au cours de la journée. C'est son équilibre nerveux qui en dépend. L'excès de stimulation empêche le système nerveux de se construire harmonieusement.

Laissez à votre enfant l'occasion de se détendre plusieurs fois par jour – afin qu'il puisse avoir des moments de calme et de silence, qu'il occupe comme bon lui semble. Les activités non programmées, comme rester assis dans le jardin à regarder un escargot ou parler à son reflet dans la fenêtre, sont des moments de calme très utiles.

L'alimentation

Avec le temps, vous avez sans doute remarqué comme certains aliments ont un effet particulier sur votre enfant. Les effets négatifs d'une alimentation mal équilibrée sont évidents. On note parmi eux :

- Des problèmes de poids.
- Une mauvaise santé bucco-dentaire.
- Un manque d'énergie.
- Des sautes d'humeur.
- Des troubles du comportement.

Vous savez probablement quels types de nourriture sont le plus souvent responsables de ces effets : les aliments conditionnés, le sucre blanc, le chocolat, les graisses animales saturées, les colorants alimentaires, les conservateurs et additifs, ainsi que les boissons contenant de la caféine. En limitant la proportion de ces produits dans l'alimentation de votre enfant, vous constaterez un effet très positif sur son humeur et sa santé en général.

Vous trouverez ci-dessous la liste des aliments qui rendent les enfants nerveux et tendus et, dans les cas extrêmes, hyperactifs :

- Les aliments industriels : la plupart sont d'un intérêt nutritionnel contestable et, selon les ingrédients et additifs entrant dans leur composition, ils nuisent à l'équilibre énergétique.
- Le sucre blanc : il produit de l'énergie, mais au prix de l'équilibre émotionnel. Le sucre est responsable d'altérations du système immunitaire et de changements d'humeur : il produit un pic, puis une chute. Les « calories vides » du sucre raffiné n'ont pas d'intérêt nutritionnel. De plus, il est reconnu que le sucre fait baisser les taux d'éléments nutritifs essentiels tels que le zinc, le chrome, ainsi que les vitamines B3

et B6. Rappelez-vous bien qu'un enfant nourri de façon équilibrée n'a pas d'envies de sucre.

- Les conservateurs artificiels : ils peuvent entraîner toute une série d'effets nocifs sur la santé et l'humeur. Les sulfates, par exemple (que l'on retrouve dans les aliments en boîte, comme le thon en conserve), génèrent des allergies alimentaires et de l'asthme chez certaines personnes.
- Les additifs : certains additifs, comme le sel et le sucre, ont des effets relativement bénins. D'autres sont plus dangereux. Par exemple, le glutamate monosodique – un exhausteur de goût présent dans beaucoup d'aliments industriels – affecte parfois le système nerveux des enfants et des adultes. Les conséquences vont des sautes d'humeur aux crises d'angoisse en passant par la dépression.
- La caféine : les aliments contenant de la caféine ne se limitent pas au cola ; on en retrouve également dans le chocolat, les boissons gazeuses et la plupart des sucreries. Pour un enfant, une canette de cola contient l'équivalent de huit tasses d'expresso ! La caféine provoque nervosité, agitation et insomnie.

Aussi, la première mesure à prendre est de limiter la consommation de ces aliments à risques, et de les remplacer par des aliments du calme. Pour plus de détails, reportez-vous au chapitre 2 de ce livre (p. 52).

Il ne faut évidemment pas se montrer trop alarmiste. Un régime équilibré et raisonnable suffit généralement à garder ses enfants en bonne santé. Toutefois, si vous pensez que votre enfant gagnerait à être un peu plus calme, lisez attentivement les recommandations qui suivent.

Vers une nutrition du calme

- Donnez l'exemple. Votre enfant est influencé par ce que vous faites, et donc par ce que vous mangez, bien plus que par des conseils ou des ordres.
- Commencez tôt. Les habitudes alimentaires de toute une vie s'installent pendant la petite enfance. Aidez votre enfant à apprécier les fruits et les légumes et il sera moins attiré par les arômes artificiels des produits conditionnés.
- Utilisez comme récompense des aliments naturels, plutôt que des friandises. Ayez toujours dans vos placards des en-cas sains – des fruits frais ou secs, du fromage, des crackers complets, des bâtonnets de légumes, des yaourts, des sauces maison. Arrangez-vous aussi pour aménager le réfrigérateur et les placards de façon à ce que seuls ces aliments soient accessibles. Devinez ensuite quels aliments votre enfant mangera très naturellement ?
- N'hésitez pas à faire des « paquets cadeaux » autour de ces en-cas, par exemple une pomme ou une banane que vous emballerez dans un sac en papier, pour la rendre plus « festive ».
- Nourrissez votre enfant à intervalles courts. La plupart des enfants ont besoin d'au moins deux goûters par jour. Si vous le sentez irritable l'après-midi, cela indique souvent que le taux de sucre dans le sang est trop bas.
- Donnez beaucoup de lait, aliment du calme par excellence.

Le sommeil

Maintenant que votre enfant ne fait plus de sieste et que le rituel du coucher est instauré, vous pensez peut-être que les grandes batailles autour du sommeil sont terminées. Mais tel n'est peut-être pas le cas.

Vous avez probablement découvert par vous-même que l'histoire du soir est un excellent moyen de se détendre – pour votre enfant comme pour vous. Le son de la voix de Papa ou de Maman racontant une histoire suffit généralement à mettre un enfant dans un état de relaxation qui conduit naturellement au sommeil.

Parfois, cependant, cela ne suffit pas. Les troubles du sommeil sont fréquents dans cette tranche d'âge. Si vous avez instauré un rituel du coucher (p. 91), que vous avez tenté d'autres mesures d'endormissement (p. 92) et que votre enfant ne veut toujours pas lâcher prise, essayez l'histoire du dodo.

Il faut raconter une histoire longue, d'une voix calme et apaisante. Utilisez des mots comme « sommeil », « repos », « paupières lourdes » et « bâiller » le plus souvent possible. Leur impact psychologique vous surprendra.

Si vous ne connaissez pas d'histoire, tentez une variation sur celle qui suit (après l'avoir adaptée au sexe et aux centres d'intérêt de votre enfant). Elle regorge d'appels au sommeil, auxquels la plupart des enfants ne résistent pas. Amusez-vous bien !

L'histoire du dodo

Le Petit Ben n'en pouvait plus de cette journée qui n'en finissait pas.
L'heure du coucher était son moment préféré.
Juste après s'être mis au lit, il faisait des rêves merveilleux et fantastiques. Parfois, dans ses rêves, il se trouvait sur un navire de pirates, voguant sur les océans immenses, se balançant sur les vagues, en quête d'aventure.
Parfois il devenait pilote de ligne, et il faisait voler son bel avion blanc à travers les nuages. Au-dessus, il voyait les étoiles dans le ciel. Il flottait parmi les étoiles, calme et heureux. ▶

Ou alors Petit Ben galopait sur un magnifique cheval blanc. Il longeait une belle plage et la brise lui caressait le visage, il se sentait en paix.
Dès qu'il ferme les yeux, Petit Ben est dans ses rêves. Une fois les yeux fermés, il ne sait jamais là où ses pensées vont l'emmener.
Mais toutes ces aventures sont fatigantes, très fatigantes. Qu'il soit debout ou assis, ou même allongé confortablement dans son lit, Petit Ben est très, très fatigué.
Peu importe l'heure, Petit Ben n'a qu'une envie : s'endormir.
Il est tellement fatigué qu'il bâille devant son petit déjeuner.
Sa maman le regarde et lui dit :
— Pourquoi bâilles-tu ?
Mais Petit Ben ne sait pas quoi répondre, parce qu'il a les paupières lourdes.
— Petit Ben, répète sa maman, pourquoi bâilles-tu ?
— C'est à cause des rêves. Dès que je ferme les yeux, je me mets à rêver. À chaque fois. La nuit dernière, j'étais astronaute, je volais dans l'espace – je pouvais aller partout où je voulais.
— C'est pour ça que tu es si fatigué, répond sa maman, c'est pour ça que tu as envie de dormir.
À l'école, au lieu d'écouter la maîtresse, Petit Ben se retrouve encore en train de bâiller.
— Pourquoi bâilles-tu, lui demande-t-elle. On t'empêche d'aller te coucher, Petit Ben ?
— Pardon, madame. Chaque fois que je ferme les yeux, je me mets à rêver. À chaque fois. La nuit dernière, j'étais un ange assis sur un nuage, et je flottais dans le ciel. J'allais où le vent me portait.
— C'est très bien, tout ça, Petit Ben, mais essaie de dormir plus, la nuit. Tu as l'air très très fatigué.
Après l'école, Ben et ses amis vont faire du vélo dans le parc. Ben veut faire du toboggan, mais il est tellement épuisé qu'il arrive à peine à bouger les bras et les jambes. Ils sont lourds, si lourds. Même ses mains lui paraissent lourdes. Il s'assied sous un arbre et il sent l'herbe douce contre son dos. Il se sent détendu, et tellement fatigué qu'il ne peut pas garder les yeux ouverts. ▶

Ses yeux à peine fermés, Ben commence à rêver. Il rêve qu'il se trouve dans la tour d'un magnifique château blanc. Elle est très haute et elle a des drapeaux blancs qui flottent au vent. Ben est tellement fatigué qu'il ne veut qu'une chose, c'est dormir. Il cherche un endroit où s'allonger, il veut juste s'allonger et fermer les yeux.
Ses yeux se ferment. Il veut trouver un endroit où dormir.
— Il doit bien y avoir un lit, quelque part, se dit-il. Je vais descendre ces escaliers.
Et Petit Ben descend les grands escaliers de la tour, qui tournent. Il est tellement fatigué et ses pieds sont si lourds qu'il descend très lentement. Une marche, une autre marche, encore une marche.
Il s'arrête pour se reposer. Le revoilà qui bâille. Il faut qu'il continue à descendre les escaliers, avant de pouvoir s'endormir. Une autre marche... encore une... encore une autre... et il arrive dans une très belle chambre, en bas des escaliers. Il fait chaud. Ben a encore plus envie de dormir.
Il balaie la chambre du regard. Elle a l'air confortable. Il s'y sent très bien. Contre les murs, il y a des bibliothèques remplies de livres. L'odeur lui rappelle la bibliothèque de l'école. Et il n'y a pas un bruit. Il bâille. Pourquoi bâille-t-il encore ?
Petit Ben cherche des yeux un endroit où s'allonger. Il a les jambes si lourdes qu'il veut s'allonger. Contre le mur, il voit un vieux bureau. Dessus sont posées de vieilles feuilles de parchemin, toutes jaunies et une bouteille d'encre dans laquelle est plantée une plume.
— Comme c'est étrange, se dit Petit Ben.
Il se rappelle qu'autrefois, on écrivait à la plume, mais il n'en avait jamais vu auparavant.
Dans un coin de la pièce, il remarque un vieux tabouret à trois pieds, trop petit pour qu'il puisse dormir dessus. Et c'est tout ce qu'il y a dans la chambre. À part une grande porte en bois. Où cette porte mène-t-elle donc ?
Ben bâille et se dit :
— Il n'y a qu'un seul moyen de le savoir.
Il attrape la lourde poignée en cuivre. Elle ne tourne pas. Il l'attrape à deux mains. Doucement, la porte ►

s'entrouvre. Elle est très lourde, Ben doit la pousser très fort. La porte s'ouvre et il jette un œil derrière.
Il ne voit qu'un autre escalier. Où conduit-il ? Il descend une marche.
Il descend... marche après marche... encore une... Ses pieds sont de plus en plus lourds, ses paupières sont de plus en plus lourdes... encore quelques marches...
Il se retrouve dans une autre pièce. À part les tableaux accrochés aux murs, la pièce est vide. L'un des tableaux représente une belle dame vêtue d'une longue robe blanche, les cheveux tombant sur une épaule. Ben sent la fatigue dans ses yeux, pourtant il voit que la dame ressemble à sa mère. À présent, il se rappelle le parfum de ses cheveux et la douceur de ses mains, quand il était un tout petit enfant, et qu'elle le tenait dans ses bras. Il est si fatigué que ses souvenirs sont flous.
Sur le tableau suivant, l'homme lui rappelle quelqu'un. Il porte un haut col blanc, avec une cravate noire. Sur son manteau, on voit toute une rangée de médailles scintillantes, accrochées chacune à un ruban coloré. Alors que Ben contemple ses médailles, l'homme se met à parler. Sa voix ressemble à celle du père de Ben :
— Tu trouveras ce que tu cherches en bas de l'escalier.
Ben cherche du regard un escalier. Mais il ne voit pas de porte. Il est tellement épuisé qu'il veut se coucher pour dormir. Et c'est là qu'il remarque un anneau métallique, par terre. Il essaie de ne pas bâiller. Pourquoi y a-t-il un anneau par terre ? Il l'attrape et le fait tourner lentement ; une porte s'ouvre dans le sol en grinçant.
Petit Ben jette un œil dans la pièce en dessous. Dans l'obscurité, il n'aperçoit qu'une échelle. Mais il est tellement fatigué qu'il n'est pas sûr de pouvoir aller plus loin. Il ne veut qu'une chose, c'est fermer les yeux et s'endormir. Pourtant, il faut qu'il essaie. Une échelon... puis le suivant... encore un... Il s'arrête une seconde. Dans cette pièce, il fait plus chaud que dans les précédentes, et il reconnaît l'odeur. Il descend encore ▶

d'un échelon et il arrive à terre. Et devant lui se dresse une nouvelle porte.

Très lentement, Ben ouvre la porte. La pièce ressemble à sa chambre, sa chambre à lui. Il y a un lit. C'est son lit à lui. Il se sent tellement à l'aise dans cette pièce. Est-ce un rêve ? C'est tellement bon de se retrouver dans son lit. De pouvoir se relaxer et fermer les yeux. Après avoir descendu tous ces escaliers, sentir ses pieds se détendre. Les genoux aussi se détendent... et les hanches... le ventre... la poitrine... les bras... les épaules sont détendus... le cou... et le visage. Et tu t'enfonces doucement, dans le sommeil, dans un sommeil profond et calme, tu rêves que tu es dans ton lit et que tu plonges doucement dans un sommeil profond et serein.

CHAPITRE 4

LE RETOUR AU TRAVAIL DANS LE CALME

« Les enfants ont plus besoin de
modèles que de critiques. »

Joubert

Reprise ou pas reprise ?

Pour la plupart des parents, le problème principal après la naissance de leur enfant concerne la vie professionnelle. Dans presque tous les pays développés, la majorité des femmes ayant des enfants de moins de dix-huit ans sont dans la vie active. En outre, la part de la population active en plus forte croissance est celle des femmes avec des enfants de moins de six ans.

Par conséquent, deux questions se posent nécessairement : Allez-vous reprendre le travail ? Et si tel est le cas, quand ?

Pour beaucoup d'entre nous, les raisons financières abrègent le temps de réflexion. Mais pour ceux qui peuvent s'offrir le luxe de choisir, il y a là un dilemme à affronter.

D'un côté, vous venez de donner naissance à cet être merveilleux qui fait maintenant partie de votre vie, et il n'a pas encore fait ses premiers pas. Êtes-vous capable de confier le soin de votre enfant à un tiers, même s'il s'agit de votre conjoint, pendant toute la journée ?

D'un autre côté, vous avez travaillé dur et beaucoup pour amener votre carrière au point où il devenait possible d'avoir un bébé. Pouvez-vous tourner le dos à tout ça et devenir nounou à plein temps ?

On dispose maintenant d'assez de recul et d'éléments pour affirmer qu'avoir un parent à plein temps à la maison ou un parent qui travaille ne fait pas de différence matérielle dans le développement d'un enfant.

Si les magazines et la presse en général se montrent parfois très catégoriques sur ce sujet – en répercutant les préjugés des auteurs –, un certain nombre d'études donnent des résultats plus objectifs.

En résumant ces résultats et au vu du comportement, du bien-être moral et de l'intelligence de l'enfant, on peut en conclure qu'il ne semble pas y avoir de grande différence entre les enfants de parents actifs et ceux dont les parents ne travaillent pas.

Les facteurs qui varient sont plus qualitatifs que quantitatifs : les niveaux de revenu et d'études du parent qui reste à la maison, la qualité des soins prodigués à l'enfant et, ce qui a son importance, l'état émotionnel de la mère. Une mère calme et heureuse est plus susceptible d'avoir un enfant équilibré et heureux (à situation égale).

C'est pourquoi la question du retour au travail est surtout liée à votre état d'esprit à vous.

Répondez au petit questionnaire ci-dessous pour mieux cibler vos objectifs.

Questionnaire concernant la reprise du travail

Reprendre le travail	Rester à la maison
❒ Indépendance financière	❒ Mon enfant est placé sous ma seule influence
❒ Contribution au confort financier de la famille	❒ Je suis rassurée quant à son bien-être
❒ Contacts sociaux avec des adultes	❒ Ma présence lui assure une certaine stabilité
❒ Activités créatrices	❒ Relation à deux privilégiée
❒ Reconnaissance des efforts fournis	❒ Liens renforcés
❒ Sens de ses compétences personnelles	❒ J'assiste à toutes les étapes de son développement
❒ Intégration à un monde plus vaste	❒ Pas de sentiment de culpabilité
❒ Le rôle de parent est plus appréciable	❒ Possibilité de changer d'avis
❒ Possibilité de changer d'avis	

Quand franchir le pas ?

Certains parents organisent leur vie de telle sorte que la naissance d'un enfant n'est qu'une activité comme les autres, à intégrer dans leur emploi du temps. D'autres se préparent longtemps à l'avance.

Selon que vous projetez de retourner travailler au bout de quelques semaines ou de plusieurs mois, le type de préparation nécessaire sera différent.

Si vous reprenez le travail alors que votre enfant est encore très jeune, interrogez votre pédiatre sur l'alimentation et tous les renseignements nécessaires, bien avant de placer votre bébé.

Les femmes qui reprennent leur activité dans les six semaines qui suivent la naissance sont confrontées à deux problèmes d'ordre moral. Le premier est un mélange d'émotions dû aux bouleversements hormonaux causés par la grossesse et l'accouchement. Le deuxième est le sentiment de culpabilité.

La culpabilité ? Il n'y a pourtant aucune raison de se sentir coupable.

Mais ce sentiment naît souvent de la conception que les femmes ont de leur rôle. Alors que les hommes considèrent en général vie privée et vie professionnelle comme deux mondes à part, les femmes ont tendance à relier les deux. Par conséquent, réussir dans son activité professionnelle signifie pour elles qu'elles n'accordent pas assez d'attention à leur vie de famille. Vous et moi voyons bien que ce raisonnement n'a rien de logique, mais les émotions ont une fâcheuse tendance à se moquer de la logique.

Si votre reprise se fait au-delà de six mois après la naissance, vous devrez faire face à une autre émotion : l'angoisse de la séparation (p. 116). Ce symptôme apparaît souvent chez les enfants entre six et dix-huit mois. D'ailleurs, l'effet est visible non seulement sur eux, mais aussi sur vous.

Laisser son bébé pour la première fois est une expérience déchirante pour beaucoup de parents, surtout si l'enfant pleure ou s'accroche à eux. On se demande si on fait ce qu'il faut, s'il n'est pas trop tôt pour le placer, ou bien s'il est prêt à franchir ce pas, d'un point de vue émotionnel. Au fond de soi, on craint même que son enfant transfère sa confiance et son affection sur quelqu'un d'autre, pendant notre absence.

Alors, que faire ?

La première chose, c'est d'accepter vos émotions et les réactions de votre enfant, car elles n'ont rien d'anormal. Dites-vous aussi qu'un enfant qui change d'environnement élargit son champ d'exploration et noue de nouvelles relations – ce qui joue un rôle essentiel dans son développement et peut être très enrichissant pour lui.

Cependant, pour rendre la transition moins douloureuse, il existe une série de mesures très simples à mettre en œuvre.

Préparer le terrain

Plus vous prendrez le temps de préparer votre enfant à sa nouvelle vie, moins il lui en faudra pour s'y adapter.

Quel que soit le soin que vous mettrez à faire cette préparation, il est vrai qu'un bébé de six mois n'en comprendra pas les subtilités, ni les implications futures. Mais il existe entre un enfant et ses parents des degrés de communication qui transcendent les mots et l'entendement. Et c'est en discutant des problèmes très tôt avec votre enfant, même s'il ne saisit pas nécessairement le sens de vos paroles, que vous encouragerez cette communication.

Familiariser bébé avec son nouveau monde

Votre enfant se sentira naturellement plus à l'aise et plus en sécurité s'il se retrouve dans un environnement familier, peuplé de visages connus.

Si bébé ne connaît pas encore sa future nounou, il est important de les faire se rencontrer longtemps à l'avance et, si possible, à plusieurs reprises. Utilisez alors des mots rassurants tels que « Voici la dame qui va te montrer toutes les nouvelles choses passionnantes dont on a parlé ensemble. Elle s'appelle Louise et elle avait hâte de te rencontrer. »

Un ton confiant prouvera à bébé que vous connaissez et approuvez cette personne inconnue, et il copiera à coup sûr votre réaction. Il n'est pas nécessaire que la nounou prenne votre enfant dans ses bras dès la première visite. Laissez à bébé le temps de s'habituer à elle.

Au bout de quelques visites, votre enfant la considérera comme une connaissance ou une amie, et non plus comme quelqu'un chargé de s'occuper de lui. C'est à ce stade qu'il faut informer la nounou des préférences de votre enfant : comment le porter, les aliments qu'il aime, s'il dort avec un jouet particulier...

Une fois ces étapes passées, l'idéal est d'organiser quelques mini-séances « en situation » : laissez votre enfant aux soins de sa nounou, pour une demi-heure ou une heure, par exemple.

Vous pouvez aussi le familiariser avec son nouveau cadre. Quelques jouets, voire une photo de Maman ou Papa peuvent l'y aider. Même si votre bébé est trop jeune pour reconnaître vraiment la personne sur la photo, elle peut devenir un outil très utile pour la nounou (« Regarde, c'est Maman. Tu vois comme elle sourit ? Elle va bientôt venir te chercher »).

Les rituels

Les petits rituels quotidiens contribuent à sécuriser votre enfant. Il se sent en sécurité lorsqu'il sait ce qui va se passer et qu'on s'occupera bien de lui.

Le fait de le déposer et de le reprendre chaque jour à la même heure deviendra pour lui une constante. Cet événement prévisible renforcera le sentiment de sécurité. On n'imagine pas toujours qu'un être si jeune ressente la différence entre 17 heures et 18 heures – et peut-être ne la ressent-il pas –, mais le fait de vous voir arriver à 18 heures deviendra un repère sur lequel il s'appuiera.

Plus l'organisation de sa journée sera précise, plus il se sentira protégé. Tout comme le rituel du coucher aide bébé à dormir (p. 91), le rituel du « On va chez ta nounou » lui sera d'une grande aide.

Vous pouvez commencer une heure avant de quitter la maison. La préparation du sac de votre enfant est un bon début. Faites-le de façon explicite et imagée : « Et Nounours, je le mets là, à côté de ta petite bouteille d'eau. » Même si votre enfant ne peut pas vraiment participer, bientôt il comprendra ce qui se passe.

Votre retour

Pendant votre absence, la clé du bien-être de bébé est la certitude que vous allez revenir. C'est l'étape capitale si vous placez votre enfant.

Reportez-vous à la rubrique « Séparation dans le calme » (p. 116). Vous y trouverez des « trucs » pour faciliter vos départs et vos retours. La partie la plus importante de ce rituel est la cohérence – n'en changez pas le déroulement, quelles que soient les circonstances. Votre enfant comprendra vite que, quand vous le laissez chaque jour, c'est pour mieux revenir le chercher.

Procédez avec fermeté. Montrez-lui que vous faites confiance à sa nounou et il se sentira lui-même plus en confiance.

Ne laissez pas la place à l'indécision, lorsque vous lui dites au revoir. Faites-le simplement, et partez. Si en voyant le regard triste de votre enfant, vous vous précipitez pour le réconforter, vous détruirez le rituel, qui est précisément censé le réconforter.

Les transitions en douceur

- Préparez progressivement le terrain en introduisant l'existence d'une nounou et en en parlant souvent.
- Présentez la nounou à votre enfant et emportez chez elle des objets familiers.
- Établissez un rituel auquel vous vous tiendrez.
- Rendez vos départs et vos retours prévisibles pour votre enfant.
- Montrez-lui que vous êtes confiante.

Comment gérer l'inquiétude

Vous êtes une jeune maman, et vous venez de laisser votre enfant pour la journée. Vous essayez de vous concentrer sur votre travail, mais vous ne pensez qu'à votre bébé.

Est-ce qu'il est énervé ? La nounou saura-t-elle le calmer, s'il refuse de dormir ? Est-elle aussi minutieuse que vous, quant à l'hygiène ? Avec tous ces tracas, comment penser à son travail !

La Pause inquiétude est un moyen psychologique de se débarrasser de ce pincement à l'estomac qui vous obsède. Si vous êtes anxieuse de nature, elle peut vous sauver la vie.

Pour commencer, il faut prendre conscience de ce que la plupart des inquiétudes sont irrationnelles : elles sont fondées sur ce qui *pourrait* arriver, plutôt que sur ce qui arrive vraiment. Vous savez d'expérience que l'immense majorité des craintes ne sont pas réalistes, loin s'en faut. Le fait de le savoir ne change rien, bien entendu. Mais il est possible de mettre ces inquiétudes en perspective, grâce à la Pause inquiétude.

Il s'agit d'une technique de retardement. Si vous en faites une habitude, elle devient un excellent moyen de réduire l'inquiétude.

Tout ce que vous avez à faire, c'est isoler un moment précis de la journée – l'idéal étant une heure fixe. La durée (dix minutes ou une heure) dépend de l'ampleur de ce qui vous tracasse, et de l'emprise que ces tracas ont sur vous. D'expérience, je peux dire qu'en commençant par s'accorder trente minutes quotidiennes, elles se transforment au bout de quelques jours en dix minutes.

L'avantage de la Pause inquiétude, c'est que vous pouvez la rendre aussi dramatique que vous le souhaitez. Personne ne vous jugera, personne ne vous en voudra. Et même, vous verrez que l'effet positif de cette technique se poursuivra tout au long de la journée, à condition de se tenir à cette règle très simple : une fois écoulée la Pause inquiétude, repoussez tous les tracas qui vous assaillent jusqu'à la même heure le lendemain. Au cours de la journée, dès qu'une inquiétude apparaîtra, notez-la, inscrivez tous les détails nécessaires à la prise d'une décision (si vous devez en prendre une), puis repoussez officiellement cette décision au lendemain, à l'heure de la Pause inquiétude.

Quand cette heure arrivera, consacrez toute votre attention aux notes que vous aurez prises. Concentrez-vous sur les problèmes soulevés. Non seulement cela tiendra vos soucis à distance pour le reste de la journée, mais vous serez aussi plus « productive » dans la résolution de ces problèmes.

La Pause inquiétude a en outre un effet secondaire très positif : la plupart des tracas que vous aurez notés se seront évaporés d'eux-mêmes (ou auront beaucoup diminué) avant le début de votre prochaine séance, simplement parce que vous les aurez repoussés.

La Pause inquiétude

- Choisissez une heure précise de la journée, qui deviendra la Pause inquiétude.
- Lorsqu'un problème apparaît pendant la journée, notez-le. Puis oubliez-le complètement jusqu'à la Pause inquiétude du lendemain.
- Au cours de la Pause inquiétude, consacrez toute votre attention à la résolution de ces problèmes.
- À la fin de la séance, videz complètement votre tête de ces problèmes, afin de pouvoir penser à autre chose.
- Faites confiance à votre inconscient : il trouvera les solutions que vous cherchez.

Vous constaterez que, dans 90 % des cas, à la fin de la journée, vous aurez complètement oublié ce qui vous tracassait le matin.

CHAPITRE 5

POURSUIVRE SON CHEMIN DANS LE CALME

« Le cadeau le plus précieux
qu'un parent puisse faire à son
enfant est de lui apprendre à
poursuivre sa route sans lui. »

Frank A. Clark

Le partage des responsabilités

Beaucoup de parents (et en majorité des femmes) volent en solo, et non en duo. Cet état s'accompagne souvent de pressions morales et sociales très lourdes.

D'un point de vue psychologique, il faut lutter contre l'angoisse, la solitude, l'isolement, le sentiment de culpabilité, et veiller à ne pas surprotéger ses enfants. Tous ces sentiments sont monnaie courante.

Financièrement, les défis qui se présentent aux parents seuls sont complexes, eux aussi. Aujourd'hui, la plupart des familles ont besoin de deux sources de revenus et, même dans ce cas, beaucoup ont des difficultés à joindre les deux bouts. Les familles monoparentales doivent lutter encore plus. Car très souvent, la garde d'un enfant ou les aides à domicile sont tout simplement au-dessus de leurs moyens. Beaucoup de parents seuls ont plus de trajet pour aller travailler, et disposent de moins de temps.

Toutefois, les soucis des familles monoparentales ne sont pas très éloignés de ceux qu'affrontent deux parents, lorsque l'un des deux combine activité professionnelle et éducation des enfants. Et l'ironie de cette situation est que les pressions endurées ne sont pas tant économiques que psychologiques.

Lorsqu'il y a cumul des responsabilités – subvenir aux besoins financiers de la famille tout en élevant les enfants – on a souvent l'impression de perdre le contrôle du cours de sa vie. Et dans ce cas, on se sent inévitablement stressé.

Il n'existe pas de recette miracle contre ces angoisses, mais il est possible d'en soulager un certain nombre. L'important est de connaître ses priorités, de savoir demander de l'aide et de garder son rythme

Identifier ses priorités

Alors que je rédigeais un de mes ouvrages précédents, *Le Grand Livre du calme au travail*, j'ai découvert avec surprise qu'il n'existe pas seulement deux tensions à l'œuvre dans l'équation vie professionnelle – vie privée, mais trois.

La troisième pression est d'ordre social. Qu'allez-vous faire de vos soirées, de vos week-ends, ou du reste de votre vie ? Comment relativiser le fait que tout le monde sorte le vendredi soir, alors que vous devez rester chez vous, pour garder votre enfant ? Comment rencontrer quelqu'un qui sera prêt à partager votre vie et vos responsabilités ?

La réponse la plus courante est de dire que vous n'avez même pas le temps d'y réfléchir. Pour beaucoup de parents seuls, cette troisième tension est tout aussi pesante que les deux autres.

La première mesure à prendre, c'est de mettre tous ces éléments en perspective et d'établir des priorités, ce qui vous prendra entre une demi-heure et une heure. Rendez-vous dans un endroit calme, simplement pour vous asseoir et vous détendre, puis faites la liste de vos priorités. La toute première sera probablement votre enfant. Dans ce cas, il suffit de classer les autres paramètres (le travail et la situation sociale).

Une fois cela établi, vous devez *vous donner la permission* de considérer les autres composantes de votre vie avec plus de recul.

Si le travail vient en deuxième, laissez-le bien en deuxième position. Pensez à ce que cela implique. Si votre vie professionnelle passe vraiment après, alors il n'est peut-être pas tragique que vous n'obteniez pas votre promotion cette année. Ou que vous quittiez le bureau vers 17 heures. Ou encore que vous preniez une journée de congé quand votre enfant est malade.

Pour instaurer calme et équilibre dans votre vie, vous devez accepter les priorités que vous avez fixées. Si cela vous soulage de pester contre l'injustice et la difficulté de votre situation, allez-y – mais n'attendez pas que la situation change d'elle-même.

Vous pouvez aussi vous tourner vers une technique dite « d'alternance » – vous menez de front tous les aspects de votre vie, qu'il s'agisse de la vie de famille, de votre carrière ou de votre vie sociale, mais pas en même temps. Si vous prenez cette décision, il convient de rester en contact avec vos collègues et vos amis, afin de pouvoir reprendre les choses où vous les avez laissées, le jour venu.

Il est profitable de refaire ainsi le point plusieurs fois par an, et de reconsidérer vos priorités. Lorsque votre enfant aura commencé l'école, vous disposerez de temps supplémentaire et le travail redeviendra peut-être votre priorité numéro un.

Quel que soit votre choix, au moins, c'est *vous* qui prendrez les décisions. C'est vous qui maîtriserez la situation.

Savoir demander de l'aide

En matière de garde d'enfant, la solution idéale est beaucoup plus facile à décrire qu'à trouver, surtout lorsqu'on est un parent seul. Vous aurez probablement besoin d'un système à la journée, mais aussi ponctuellement, en cas de sorties ou de difficultés imprévues.

Pour cela, il est bon de pouvoir se reposer sur un membre de la famille, ou un autre parent avec lequel vous vous serez arrangée. Les contacts avec d'autres mères ou la participation à un club de baby-sitting sont aussi des solutions.

Lorsque je me suis retrouvé dans cette situation, il y a quelques années, j'ai placé une annonce pour trouver un grand-parent de substitution. Vous seriez surprise du nombre de réponses que j'ai reçues – la plupart venant de grand-mères seules, qui recherchaient des contacts familiaux.

Garder du temps pour soi est essentiel. Louez les services d'une baby-sitter aussi souvent que vos moyens vous le permettront, afin de pouvoir cultiver vos propres centres d'intérêt, notamment le soir. Si vous êtes séparée ou divorcée, profitez pleinement des visites de votre enfant chez son père. Plus le protocole sera précis, mieux vous pourrez organiser votre emploi du temps personnel.

Garder son rythme

Comme nous l'avons vu dans le Moment perso (p. 29), il est vital pour vous de réserver au moins trente minutes par jour à votre bien-être. En ne faisant absolument rien, vous parviendrez à échapper aux pressions de la vie de tous les jours et à réapprendre le sens du calme. Vous pouvez également consacrer ce moment à la méditation, à la relaxation ou au sport, quand votre enfant dort.

Il faut se montrer intraitable sur ce point, car non seulement il est de votre intérêt de rester en forme, calme et sereine, mais c'est aussi l'intérêt de votre enfant. Et tout ce qu'il faut pour cela, c'est une demi-heure par jour.

CHAPITRE 6

LE CALME POUR LA VIE

« Faites semblant d'être calme, mimez toutes les caractéristiques d'une personne calme, afin que les autres vous croient calme. Et, en un rien de temps, vous le croirez vous-même. »

Le Petit Livre du calme

Engagez-vous à devenir calme

S'il y a bien une certitude quand on est parent, c'est celle-ci : les enfants ne restent pas des enfants longtemps. Avant même que vous vous en rendiez compte, les voici adolescents, puis adultes.

Bien que cet ouvrage se soit concentré sur les premières années de la vie de votre enfant, la plupart des conseils et des techniques abordés vous seront utiles pour toute la vie.

S'il vous est arrivé de lire mes livres précédents, vous connaissez déjà les Six voies du calme permament[1]. En suivant ces principes, vous pouvez vous assurer calme et plénitude, quels que soient les événements qui surviendront dans votre vie.

Le plus important est de se sentir impliqué dans cette démarche. Si vous êtes consciente de ce que vous voulez accomplir et que vous décidez d'en profiter dès maintenant, cela se produira de soi-même. C'est déjà en train de se produire.

Tout ce que vous avez à faire, c'est donc d'essayer d'intégrer à votre vie les cinq principes supplémentaires.

---

1. Voir notamment *Le Grand Livre du calme au travail,* Presses du Châtelet, 2001, p. 332-335.

Les Six voies du calme permanent

1. Appliquez-vous à rester calme.
2. Pratiquez chaque jour la méditation. Chaque jour, pendant quelques minutes, restez assise en silence, à pratiquer le calme profond (p. 71), ou toute technique similaire.
3. Surveillez votre alimentation. Consommez plus d'aliments calmants et moins d'excitants (p. 52).
4. Faites de l'exercice trois fois par semaine.
5. Conservez une attitude positive. Non seulement cela vous aidera à vous sentir plus sereine et plus équilibrée, mais c'est la clé d'une bonne santé et de relations harmonieuses avec son entourage.
6. Diffusez le calme autour de vous.

Vous le sentez? Un sentiment durable de paix et de satisfaction est à présent à votre portée. Il vous appartient, aussi longtemps que vous serez prête à le partager. Si vous voulez être aimée, montrez-vous aimante. Pour attirer la fortune, faites profiter les autres de celle que vous avez. Si vous désirez être heureuse, rendez les gens heureux.

Et surtout, si vous voulez vous sentir calme, diffusez le calme autour de vous.

Tout comme on apaise un enfant triste en lui parlant d'une voix douce et rassurante, on diffuse le calme en essayant de rester soi-même calme et à l'aise. En faisant cet effort, vous encouragerez les autres à suivre votre exemple.

Vous et vos enfants, vous avez le pouvoir de faire de ce monde un lieu de paix, d'amour et d'altruisme. Vous pouvez le faire, maintenant. Avec juste un peu de volonté, un tout petit effort.

Tout ce que vous avez à faire, c'est à répandre le calme autour de vous.

TABLE

Bien-être, des livres qui vous font du bien

Psychologie, santé, sexualité, vie familiale, diététique... : la collection Bien-être apporte des réponses pratiques et positives à chacun.

Psychologie

Thomas Armstrong
Sept façons d'être plus intelligent - n° 7105

Jean-Luc Aubert et Christiane Doubovy
Maman, j'ai peur – Mère anxieuse, enfant anxieux ? - n° 7182

Anne Bacus et Christian Romain
Libérez votre créativité ! - n° 7124

Anne Bacus-Lindroth
Murmures sur l'essentiel – Conseils de vie d'une mère à ses enfants - n° 7225

Simone Barbaras
La rupture pour vivre - n° 7185

Martine Barbault et Bernard Duboy
Choisir son prénom, choisir son destin - n° 7129

Deirdre Boyd
Les dépendances - n° 7196

Nathaniel Branden
Les six clés de la confiance en soi - n° 7091

Sue Breton
La dépression - n° 7223

Jack Canfield et Mark Victor Hansen
Bouillon de poulet pour l'âme - n° 7155
Bouillon de poulet pour l'âme 2 - n° 7241
Bouillon de poulet pour l'âme de la femme *(avec J.R. Hawthorne et M. Shimoff)* - n° 7251
Bouillon de poulet pour l'âme au travail - *(avec M. Rogerson, M. Rutte et T. Clauss)* - n° 7259

Richard Carlson
Ne vous noyez pas dans un verre d'eau - n° 7183
Ne vous noyez pas dans un verre d'eau… en famille ! - n° 7219
Ne vous noyez pas dans un verre d'eau... en amour ! *(avec Kristine Carlson)* - n° 7243
Ne vous noyez pas dans un verre d'eau... au travail - n° 7264

Steven Carter et Julia Sokol
Ces hommes qui ont peur d'aimer - n° 7064

Chérie Carter-Scott
Dix règles pour réussir sa vie - n° 7211
Si l'amour est un jeu, en voici les règles - n° 6844

Loly Clerc
Je dépense, donc je suis ! - n° 7107

Guy Corneau
N'y a-t-il pas d'amour heureux ? - n° 7157
La guérison du cœur - n° 7244

Lynne Crawford et Linda Taylor
La timidité - n° 7195

Dr Christophe Fauré
Vivre le deuil au jour le jour - n° 7151

Daniel Goleman
L'intelligence émotionnelle - n° 7130
L'intelligence émotionnelle 2 - n° 7202

John Gray
Les hommes viennent de Mars, les femmes viennent de Vénus - n° 7133
Une nouvelle vie pour Mars et Vénus - n° 7224
Mars et Vénus, les chemins de l'harmonie - n° 7233

Mars et Vénus, 365 jours d'amour - n° 7240
Les enfants viennent du paradis - n° 7261
Mars et Vénus ensemble pour toujours - n° 7284
Mars et Vénus au travail - n° 6872
Mars et Vénus - Petits miracles au quotidien - n° 6930

Marie Haddou

Savoir dire non - n° 7178
Avoir confiance en soi - n° 7245
Halte au surmenage - n° 7278

James Hillman

Le code caché de votre destin - n° 7256
La force du caractère - n° 6477

Evan Imber-Black

Le poids des secrets de famille - n° 7234

Sam Keen

Être un homme - n° 7109
Aimer et être aimé - n° 7262

Dr Barbara Killinger

Accros du boulot - n° 7116

Dr Gérard Leleu

Amour et calories - n° 7139
La fidélité et le couple - n° 7226
L'intimité et le couple - n° 7260
L'écologie de l'amour - n° 7275

Jean-Claude Liaudet

Dolto expliquée aux parents - n° 7206
La psychanalyse sans complexes - n° 7270

Ursula Markham

Le deuil - n° 7230
Les traumatismes infantiles - n° 7231

Bernard Martino

Le bébé est une personne - n° 7094

Pia Mellody

Vaincre la dépendance - n° 7013

Yannick Noah

Secrets, etc. - n° 7150

Robin Norwood

Ces femmes qui aiment trop – 1 - n° 7020
Ces femmes qui aiment trop – 2 - n° 7095

Armelle Oger

Et si l'on changeait de vie - n° 7258

Dr Xavier Pommereau

Quand l'adolescent va mal - n° 7147

Dr Henri Rubinstein

La dépression masquée - n° 7214

Jacques Salomé

Papa, maman, écoutez-moi vraiment - n° 7112
Apprivoiser la tendresse - n° 7134

Elaine Sheehan

Anxiété, phobies et paniques - n° 7213

Barbara Sher et Barbara Smith

Vous êtes doué et vous ne le savez pas - n° 7141

Nita Tucker

Le grand amour pour la vie - n° 7099

Isabelle Yhuel

Mère et fille, l'amour réconcilié - n° 7161
Quand les femmes rompent - n° 7201

Santé

R. Aron-Brunetière

La beauté et les progrès de la médecine - n° 7006

Joanna Bawa

Santé et ordinateur : le guide quotidien - n° 7207

Dr Martine Boëdec

L'homéopathie au quotidien - n° 7021

Dr Jacques Boulet

Se soigner par l'homéopathie

- n° 7165

Julia Buckroyd

Anorexie et boulimie - n° 7191

Dr Jean-Pierre Cahané et Claire de Narbonne

Nourritures essentielles - n° 7168

Chantal Clergeaud

Un ventre plat pour la vie - n° 7136

Bruno Comby

Libérez-vous du tabac ! - n° 7012

Dr Lionel Coudron

Stress, comment l'apprivoiser - n° 7027
Mieux vivre par le yoga - n° 7115

Dr David Élia

Comment rester jeune après 40 ans Version femmes - n° 7111
Le bonheur à 50 ans - n° 7184
50 ans au naturel - n° 6828

Pierre Fluchaire

Bien dormir pour mieux vivre - n° 7005
Plus jamais fatigué ! - n° 7015

Dr Pierrick Hordé

Allergies, le nouveau fléau ? - n° 7248

Arthur Janov

Le corps se souvient - n° 7257

Chris Jarmey

Le shiatsu - n° 7242

Dr Michel Lecendreux

Le sommeil - n° 7280

Dr Gérard Leleu

Le traité du plaisir - n° 7093

Claudie Lepage

Le nouvel âge d'or de la femme - n° 7274

Maurice Mességué

C'est la nature qui a raison - n° 7028

Dr Sylvain Mimoun

Des maux pour le dire - n° 7135

Peter Mole

L'acupuncture - n° 7189

Paule Neyrat

Les vertus des aliments - n° 7265

Lionelle Nugon-Baudon et Évelyne Lhoste

Maisons toxiques - n° 7229

Pierre et Florence Pallardy

La forme naturelle - n° 7007

Jean-Yves Pecollo

La sophrologie - n° 3314
La sophrologie au quotidien - n° 7101

Vicki Pitman

La phytothérapie - n° 7212

Jocelyne de Rotrou

La mémoire en pleine forme - n° 7087

Josette et Vincent Rousselet-Blanc

Les remèdes de grands-mères - n° 7272

Dr Hubert Sacksick

Les hormones - n° 7205

Jon Sandifer

L'acupression - n° 7204

Debbie Shapiro

L'intelligence du corps - n° 7208

Sidra Shaukat

La beauté au naturel - n° 7222

Rochelle Simmons

Le stress - n° 7190

André Van Lysebeth

J'apprends le yoga - n° 7197

Dr Andrew Weil

Huit semaines pour retrouver une bonne santé - n° 7193
Le corps médecin - n° 7210
Le guide essentiel de la diététique et de la santé - n° 7269

Diététique

Marie Binet et Roseline Jadfard
Trois assiettes et un bébé - n° 7113

Dr Alain Bondil et Marion Kaplan
Votre alimentation - n° 7010
L'âge d'or de votre corps - n° 7108

André Burckel
Les bienfaits du régime crétois - n° 7247

Dr Jean-Michel Cohen
Savoir maigrir - n° 7266
Au bonheur de maigrir - n° 6893

Sonia Dubois
Maigrissons ensemble ! - n° 7120
Restons minces ensemble ! - n° 7187

Dr Pierre Dukan
Je ne sais pas maigrir - n° 7246

Annie Hubert
Pourquoi les Eskimos n'ont pas de cholestérol - n° 7125

Dr Catherine Kousmine
Sauvez votre corps ! - n° 7029

Linda Lazarides
Le régime anti-rétention d'eau - n° 6892

Marianne Leconte
Maigrir - Le nouveau bon sens - n° 7221

Colette Lefort
Maigrir à volonté - n° 7003

Michelle Joy Levine
Le choix de la minceur - n° 7267

Michel Montignac
Je mange donc je maigris... et je reste mince ! - n° 7030
Recettes et menus Montignac - n° 7079
Recettes et menus Montignac 2 - n° 7164
Comment maigrir en faisant des repas d'affaires - n° 7090
La méthode Montignac Spécial Femme - n° 7104
Mettez un turbo dans votre assiette - n° 7117
Je cuisine Montignac - n° 7121
Restez jeune en mangeant mieux - n° 7137
Boire du vin pour rester en bonne santé - n° 7188

Lionelle Nugon-Baudon
Toxic-bouffe - Le dico - n° 7216

Dr Philippe Peltriaux et Monique Cabré
Maigrir avec la méthode Peltriaux - n° 7156

Nathalie Simon
Mangez beau, mangez forme - n° 7126

Sexualité

Régine Dumay
Comment bien faire l'amour à une femme - n° 7227
Comment bien faire l'amour à un homme - n° 7239

Céline Gérent
Savoir vivre sa sexualité - n° 7014

John Gray
Mars et Vénus sous la couette - n° 7194

Shere Hite
Le nouveau rapport Hite - n° 7294

Dr Barbara Keesling
Comment faire l'amour toute la nuit - n° 7140
Le plaisir sexuel - n° 7170

Brigitte Lahaie
Les chemins du mieux-aimer - n° 7128

Dr Gérard Leleu
Le traité des caresses - n° 7004
Le traité du désir - n° 7176

Dagmar O'Connor

Comment faire l'amour à la même personne... pour le reste de votre vie - n° 7102

Jean Paccalin

Une pilule nommée désir - n° 7180

Isabelle Yhuel

Les femmes et leur plaisir - n° 7268

Vie familiale

Edwige Antier

J'aide mon enfant à se concentrer - n° 7232
L'enfant de l'Autre - n° 7250
Éloge des mères - n° 7283
Confidences de parents - n° 7293

Françoise Civeyrel

Consommez bien. Dépensez mieux - n° 7098

Brigitte-Fanny Cohen

Un bébé mais pas à tout prix - n° 6859

Dr Julien Cohen-Solal

Comprendre et soigner son enfant – I -n° 7096
Comprendre et soigner son enfant – II - n° 7097
Être heureux à l'école ? - n° 7173
Les deux premières années de la vie - n° 7203

Carolyn Pape Cowan et Philip A. Cowan

1+1 = 3 - n° 7065

Shakuntala Devi

Éveillez le génie qui est en votre enfant - n° 7277

Brigitte Hemmerlin

Maman Solo - n° 7100

Tracy Hogg

Les secrets d'une charmeuse de bébés - n° 6970

Harry Ifergan et Rica Etienne

6-12 ans, l'âge incertain - n° 6478
Mais qu'est-ce qu'il a dans la tête ? - n° 7271

Vicki Iovine

Grossesse, le guide des copines - n° 7176

Hélène de Leersnyder

Laissez-les faire des bêtises - n° 7106

Gerry Marino et Francine Fortier

La nouvelle famille - n° 7122

Bernard Martino

Le bébé est un combat - n° 7181

Heather Noah

S'épanouir en attendant bébé - n° 7252

Nancy Samalin

Savoir l'entendre, savoir l'aimer - n° 7062
Conflits parents-enfants - n° 7198

Chantal de Truchis-Leneveu

L'éveil de votre enfant - n° 7146

Paul Wilson et Tania Wilson

Mère calme enfant calme - n° 7330

Cuisine

Flore Andreis-Caubet

La cuisine provençale d'aujourd'hui - n° 6832

Paul Bocuse

Bocuse dans votre cuisine - n° 7145

Jean-Pierre Coffe

Comme à la maison –1 - n° 7148
Comme à la maison –2 - n° 7177
Le marché - n° 7154
Au bonheur des fruits - n° 7163

Christine Ferber

Mes confitures *(édition augmentée)* - n° 6162

Mes tartes sucrées et salées - n° 7186
Mes aigres-doux, terrines et pâtés - n° 7237

Nadira Hefied

130 recettes traditionnelles du Maghreb - n° 7174

Peta Mathias

Fêtes gourmandes - n° 720

Christian Parra

Mon cochon de la tête aux pieds - n° 7238

Jean-Noël Rio

Je ne sais pas cuisiner - n° 7273

Marie Rouanet

Petit traité romanesque de cuisins - n° 7159

Denise Verhoye

Les recettes de Mamie - n° 7209

Harmonies

Karen Christensen

La maison écologique - n° 7152

Lama Surya Das

Éveillez votre spiritualité - n° 7281

Karen Kingston

L'harmonie de la maison par le Feng Shui - n° 7158

Philip Martin

La voie zen pour vaincre la dépression - n° 7263

Pratima Raichur et Marian Cohn

La beauté absolue - n° 6929

Jane Thurnell-Read

Les harmonies magnétiques - n° 7228

Jean Vernette et Claire Moncelon

Les nouvelles thérapies - n° 7220

Richard Webster

Le Feng Shui au quotidien - n° 7254

Christine Wildwood

L'aromathérapie - n° 7192

Paul Wilson

Le principe du calme - n° 7249
Le grand livre du calme – La méthode - n° 7249
Le grand livre du calme – Au travail - n° 7276

Nature et loisirs

Sonia Dubois

La couture - n° 7144

John Fisher

Comprendre et soigner son chien - n° 7160

Daniel Gelin

Le jardin facile - n° 7143

Louis Giordano

Aux jardiniers débutants : 500 conseils et astuces - n° 7215

Marjorie Harris

Un jardin pour l'âme - n° 7149

Jean-Marie Pelt

Des fruits - n° 7169
Des légumes - n° 7217

Roger Tabor

Comprendre son chat - n° 7153

Bienêtre

7330

Achevé d'imprimer en France (Manchecourt)
par Maury-Eurolivres
le 2 juin 2004.
Dépôt légal juin 2004. ISBN 2-290-33778-1

Éditions J'ai lu
84, rue de Grenelle, 75007 Paris
Diffusion France et étranger : Flammarion